ADOLESCÊNCIA
CAUSA DA

(IN) FELICIDADE

FRANCISCO DO ESPÍRITO SANTO NETO

ditado por Ivan de Albuquerque

ADOLESCÊNCIA
CAUSA DA
(IN) FELICIDADE

Instituto Beneficente Boa Nova
Entidade coligada à Sociedade Espírita Boa Nova
Av. Porto Ferreira, 1.031 | Parque Iracema
Catanduva/SP | CEP 15809-020
www.boanova.net | boanova@boanova.net
Fone: (17) 3531-4444

1ª edição
De 1º ao 30º milheiro
30.000 exemplares
Agosto/2010

© 2010 by Boa Nova

Direção de Arte
Francisco do Espírito Santo Neto

Capa e diagramação
Tutano Designer e Editorial

Revisão
Paulo César de Camargo Lara

Coordenação Editorial
Julio Cesar Luiz

Todos os direitos reservados.
Nenhuma parte desta obra pode ser
reproduzida ou transmitida por qualquer
forma e/ou quaisquer meios (eletrônico ou
mecânico, incluindo fotocópia e gravação)
ou arquivada em qualquer sistema ou banco
de dados sem permissão escrita da Editora.

O produto da venda desta obra é destinado
à manutenção das atividades assistenciais
da Sociedade Espírita Boa Nova, de
Catanduva, SP.

1ª edição: Agosto de 2010 - 30.000 exemplares

Dados Internacionais de Catalogação na Publicação (CIP)
(Câmara Brasileira do Livro, SP, Brasil)

Albuquerque, Ivan (Espírito) .
Adolescência causa da (in) felicidade / ditado por Ivan de
Albuquerque ; [psicografado por] Francisco do Espírito Santo
Neto. -- Catanduva, SP : Boa Nova Editora, 2010.

1. Espiritismo 2. Psicografia
I. Espírito Santo Neto, Francisco do. II. Título.

10-07615   CDD-133.93

Índices para catálogo sistemático:
1. Mensagens psicografadas : Espiritismo 133.93

Impresso no Brasil/*Presita en Brazilo*/Printed in Brazil

SUMÁRIO

1 - Fase de transição... 29

2 - Juventude e criatividade... 37

3 - O jovem e o sentimento de pertença social ... 47

4 - Juventude no mundo globalizado... 55

5 - A busca da identidade ... 63

6 - O jovem e a religião ... 71

7 - Adolescência e adoção ... 79

8 - O jovem e sua formação ética no mundo de hoje ... 89

9 - Jovens médiuns ... 99

10 - O jovem e a escolha do cônjugue ... 109

11 - A epidemia da vaidade... 117

12 - Dupla moral sexual? ... 125

13 - O despertar do sexo ... 133

14 - Distúrbios alimentares ... 143

15 - O jovem e o autoamor em excesso ... 151

16 - Quando a gravidez chega cedo demais ... 159

17 - Compromisso afetivo e felicidade ... 169

18 - Aprendizagem e imitação ... 179

19 - Suicídio na adolescência ... 187

20 - A identificação e a constituição do indivíduo ... 197

21 - Divórcio e os filhos ... 207

22 - Relações homoafetivas ... 219

23 - Expectativas familiares ... 229

24 - Um voo de independência rumo à maturidade ... 239

25 - Adolescente e a profissão ... 249

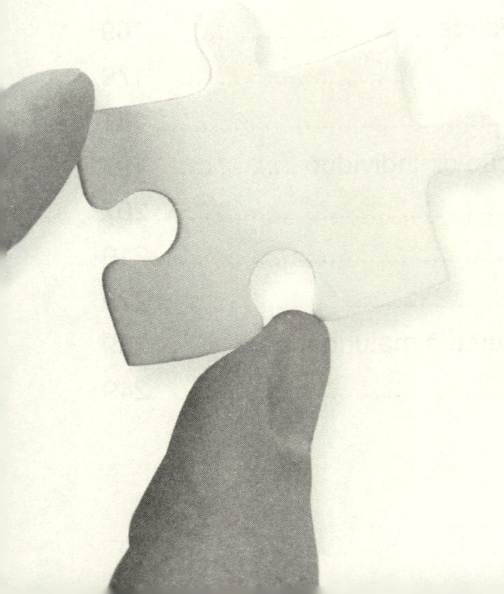

APRESENTAÇÃO DA OBRA

"Ninguém é tão ignorante que não tenha algo a ensinar; e ninguém é tão sábio que não tenha algo a aprender".

Blaise Pascal

Para permitir que os pais e responsáveis possam ampliar sua capacidade de "perceber e compreender" os conflitos infanto-juvenis, no processo de amadurecimento nessa faixa etária, grafou Ivan de Albuquerque as páginas deste livro.

Escrevendo-o, nosso companheiro espiritual analisou desde as chamadas esquisitices até os comportamentos que a ciência médica denomina "transtornos de personalidade", além de outras tantas situações que envolvem divórcio, adoção, sexualidade, suicídio, gravidez, religião, casamento, etc.

Ele ainda analisa os comportamentos limítrofes dos adolescentes, bem como a razão da vaidade, da timidez, da impaciência, da irritação e do hábito compulsivo dos vícios eletrônicos, ou das disputas entre amigos, e mesmo com os pais.

Observei neste livro de Ivan de Albuquerque a sua solicitude não somente em tratar dos fatos sociais em si, mas, acima de tudo, seu desvelo com a repercussão desses mesmos fatos na criatura que os vivencia.

Notei, igualmente, que o autor não pretende oferecer um diagnóstico educacional perfeito e irretocável à família contemporânea, mas apenas propõe questionamentos sobre o que temos feito enquanto educadores de nós mesmos e educadores de nossos filhos.

Não é mesmo muito fácil ser pai e mãe no mundo em que vivemos, onde já é difícil para os adultos – quanto mais para crianças e jovens – conviver com a ambiguidade de "sentimentos agridoces". Por exemplo, amar e, às vezes, sentir desgosto e contrariedade em relação aos pais, experimentando assim um misto de afeto e alegria misturado com tristeza e mágoa. É muito complexo para todos nós lidar com sentimentos opostos.

É complicado sabermos de imediato a extensão do que é o gesto de cuidar e acolher, sem invadir a privacidade, e por outro lado o que é respeitar e aceitar a alteridade sem, no entanto, abandonar as criaturas à própria sorte.

Escrevendo, nosso amigo preocupou-se em não emitir convicções apressadas, mas conceitos estudados por um longo tempo por ele junto a outros benfeitores espirituais.

Em síntese, escreve-nos o autor sobre a necessidade que todos nós temos de utilizar a própria reflexão sobre os casos que porventura vivenciamos no seio doméstico; e sobre o devido papel que cada um deve assumir diante das dificuldades do lar, para que a singularidade de todos seja preservada e, no momento em que a crise aparecer, possamos nos perguntar: "qual a minha contribuição para que isso ocorra em meu ninho familiar?".

Ivan de Albuquerque, contudo, faz-nos perceber que o Espiritismo tem possibilidades ainda mais amplas e profundas do que aquelas analisadas de modo superficial, e nos convida a novas concepções socioeducativas sob a ótica reencarnação/renovação, guiando-nos numa viagem de autoconhecimento sobre o procedimento pais/filhos e estabelecendo limites entre a normalidade e a sociopatia.

Suas páginas, desse modo, têm como objetivo salientar que a doutrina codificada por Allan Kardec reúne princípios de fundamental importância para a promoção do bem-estar social/familiar, contribuindo sobremaneira com a "Nova Era", na qual o espírito humano, cada vez mais, irá auscultar a si mesmo e, concomitantemente, ter outro olhar sobre como conviver bem no domicílio terrestre.

Hammed

APRESENTAÇÃO DO AUTOR ESPIRITUAL (PELO MÉDIUM)

Bom Amigo

O Espírito Ivan de Albuquerque é um bom e velho amigo da nossa Casa Boa Nova. Quando publicamos em 1997 o livro "Renovando atitudes", redigi em suas primeiras páginas este pequeno texto:

"Apesar de há muito o meu instrutor espiritual, Hammed, junto de outros tantos Espíritos bondosos que me assistem, estar presente dirigindo minhas faculdades mediúnicas através da psicofonia, somente em novembro de 1974 recebi minha primeira página psicografada. Tinha como título 'O valor da oração' e vinha assinada pelo Espírito Ivan de Albuquerque, entidade amiga até então completamente desconhecida em meu círculo de atividades espirituais".

Eis aqui na íntegra essa mensagem consoladora:

O valor da oração

Em qualquer lugar onde estiveres ou em qualquer

situação em que te encontrares, não esqueças o hábito da oração.

A atitude diária de orar, seja em louvor ou agradecimento, seja em celebração ou busca de orientação, eleva-nos os pensamentos, pacifica-nos a mente e tranquiliza-nos o coração, acendendo no imo da própria alma a suave luz da fé renovadora e da confiança plena na Bondade Divina.

O único meio que nos faculta a ligação espiritual, quer nos discernimentos e inspirações, quer nas intercessões e atividades mediúnicas, é a prece feita com o espírito vibrante na comunhão com Deus.

Por isso, meus queridos amigos, quando "o céu estiver carregado de nuvens e o sol não estiver mais brilhando", apeguemos-nos à oração fervorosa, de almas unidas, na certeza de que só através dela e do Pai Celestial é que atravessaremos os momentos de tensão, dificuldades e tropeços que nos impedem a caminhada terrena.

Quando a calúnia te alcançar o espírito desprevenido, ora e perdoa;

Quando a mágoa te comprometer a casa mental, ora e compreende;

Quando os amigos queridos se comportarem de

modo desleal, ora e ama ainda mais;

Quando as dificuldades te impedirem o contato com as forças do Bem, ora e persevera.

Enfim, em todos os eventos da vida, a oração sempre nos preparará melhor para buscarmos e recebermos direção e sabedoria perante as atribulações ou incertezas. Portanto, ora, que só assim facilitarás a ajuda do Mais Alto.

Ivan de Albuquerque

(Mensagem recebida pelo médium Francisco do Espírito Santo Neto no Culto do Evangelho do Lar, em Catanduva - SP, na noite de 27/11/74.)

Quero também esclarecer que nosso grupo de Mocidade Espírita tem como patrono e protetor o benfeitor Ivan, desde sua criação em 1981, quando eu, ainda muito jovem, fundei com outros tantos amigos a Sociedade Espírita Boa Nova.

E para finalizar minhas considerações neste livro "Adolescência - causa da (in) felicidade", tomo emprestada a poesia "Retrato da amizade", do Espírito Maria Dolores pelas mãos iluminadas de Chico Xavier, para homenagear este prezado Espírito amigo e companheiro de todos nós.

Retrato da amizade [1]

Agradeço, alma fraterna e boa,

O amor que no teu gesto se condensa,

Deixando ao longe a festa, o ruído e o repouso

Para dar-me a presença...

Sofres sem reclamar enquanto exponho

Minhas ideias diminutas

E anoto como é grande o teu carinho,

No sereno sorriso em que me escutas.

Não sei dizer-te a gratidão que guardo

Pelas doces palavras que me dizes,

Amenizando as lutas que carrego

Em meus impulsos infelizes...

Auxilias-me a ver, sem barulho ou reproche,

Dos trilhos para o bem

O mais certo e o mais curto,

---

[1] Nota da Editora: Mensagem do livro Antologia da Espiritualidade, Francisco Cândido Xavier, pelo espírito Maria Dolores. Edições Feb.

Sem cobrar pagamentos ou louvores

Pelo valor do tempo que te furto.

Aceitas-me, no todo, como sou,

Nunca me perguntaste de onde vim,

Nem me solicitaste qualquer conta

Da enorme imperfeição que trago em mim!...

Agradeço-te, ainda, o socorro espontâneo

Que me estendes à vida, estrada afora,

Para que as minhas mãos se façam mensageiras

De consolo a quem chora!...

Louvado seja Deus, alma querida e bela,

Pelo conforto de teu braço irmão,

Por tudo que tens sido em meu caminho,

Por tudo que me dás ao coração!...

Maria Dolores

Catanduva SP, 30 de maio de 2010.

Francisco do Espírito Santo Neto

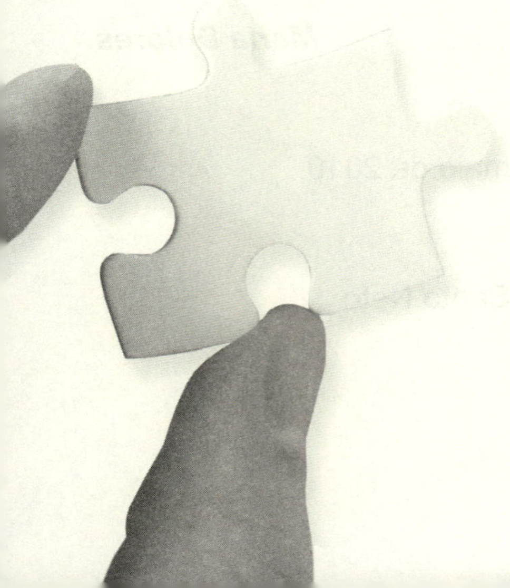

AGRADECIMENTOS
(DO AUTOR ESPIRITUAL)

Quero agradecer imensamente – e deixar aqui assinalado na abertura deste livro – ao generoso amigo e benfeitor Hammed pela assistência e dedicação constantes para comigo, quando escrevia estas páginas, e para com toda a nossa equipe de tarefas espirituais.

Agrupar mentes distintas, criaturas com ideias e formas de escrever diferentes, de início nos pareceu um projeto complexo e de difícil execução, mas, como temos em comum o ideal espírita e a vontade de cooperar na expansão das consciências, chegamos a um desfecho feliz.

Construímos textos e abordamos assuntos diversos a "oito mãos" e acreditamos ter conseguido uma obra quanto possível coerente, lógica e racional.

Esses encontros resultaram em um livro despretensioso: "Adolescência – causa da (in) felicidade". Sempre acompanhadas de proveitoso debate, em que cada um de nós saiu mais enriquecido, essas reuniões se caracterizaram pela defesa e acatamento de pontos de vista diversificados, renovação de ideias e visualização de novas teorias.

Nosso grupo se reunia toda semana para estudar tópico predeterminado e, a cada dois encontros, concluíamos um capítulo.

Em cada reunião das cinquenta realizadas, apresentávamos o material da pesquisa, fazíamos seu alinhamento com os ensinos espíritas, expúnhamos proposições e sugestões para, no final, costurá-lo e revisá-lo.

Finalmente, quero agradecer a bondade de Nosso Senhor Jesus Cristo, suplicando a Ele abençoe os orientadores e amigos espirituais que amorosamente nos assistem, e de coração a todos os que nos ajudaram a concretizar esse projeto, que tem como único objetivo espalhar um pouco mais de luz sobre questões tão importantes do universo infanto-juvenil.

Ivan de Albuquerque

INTRODUÇÃO

Fazendo correlações em torno das instruções contidas em "O Livro dos Espíritos"[1], "Adolescência: causa da (in) felicidade" é livro direcionado tanto aos pais quanto aos responsáveis não paternos, bem como aos próprios adolescentes, para que possam melhor refletir sobre as profundas transformações que atravessam os jovens seres humanos nessa importante fase da vida.

São comentários que objetivam inspirar a todos um estudo metódico da essência da codificação kardequiana, permitindo dimensionar sua grandeza e ao mesmo tempo dar uma expressão prática e utilitária às mudanças que ocorrem na adolescência.

Não conferimos a nós mesmos nenhuma exclusividade ou pretensão nas ideias e conceitos aqui emitidos, até porque eles não são unicamente nossos.

Somos peregrinos da evolução, fazemos parte da

---

[1] Nota da Editora: Todas as perguntas e respostas que encabeçam cada capítulo desta obra foram extraídas de "O Livro dos Espíritos", Boa Nova Editora.

imensa multidão de Espíritos que estudam, aprendem e evoluem nas atmosferas culturais/intelectuais da Terra, tão falíveis ainda quanto quaisquer outros.

Estas páginas tentam evidenciar que o jovem não é apenas um produto do meio ambiente, porque ele não é passivo a tudo que o rodeia: ele interage com o mundo social, nele interfere e também o altera. Em síntese, apresentamos o indivíduo como modificador do meio e vice-versa.

Ainda reforçamos a ideia de que a adolescência não pode ser considerada simplesmente uma rápida fase de transição entre a infância e a maturidade, mas um importante processo de consolidação da identidade pessoal, psicossocial e sexual. Apesar de o adolescente ser um Espírito imortal que possui grande parte de sua identidade formada, ainda se encontra em invariável construção evolutiva.

Nosso objetivo é contribuir com o trabalho e os esforços dos pais no desenvolvimento infanto-juvenil dos filhos, tentando demonstrar aos genitores que eles precisam, acima de tudo, compreender os filhos, e não unicamente repreendê-los ou sentenciar de "dedo em riste". Nessa "etapa moldável" da vida, eles necessitam, não de recriminação exasperada mas de acolhimento e orientação. E os adultos não podem equivocar-se, oscilando entre a liberdade total e o autoritarismo.

Ter pais, irmãos, uma boa casa e até mesmo uma família bem estabelecida não significa que se tem necessariamente um lar verdadeiro. O lar é um ambiente formado das qualidades distintas do universo íntimo de cada membro da família, o qual representa sempre importante peça na engrenagem essencial ao bom funcionamento do todo.

Quando o lar falha, a sociedade não consegue facilmente reparar ou consertar a fenda educacional. Há uma violência doméstica muito grave, e bem pouco conhecida e divulgada: é a apatia, o desleixo, a falta de interesse, de atenção, de cuidado em relação aos filhos, os quais, nessas condições e nessa "idade plástica" da vida, dificilmente crescem sem lesões, sãos e salvos, em meio a tantas omissões.

Entregamos, pois, estas páginas a quem possa interessar, seja àqueles que tiveram a ventura de se tornar pais e que creem na missão importantíssima de orientar os filhos e encaminhá-los na atual existência; seja aos filhos que acreditam que, através da infância, adolescência, madureza e velhice, poderão desenvolver asas que os transportarão aos cimos da Vida Eterna.

Ivan de Albuquerque

Catanduva - SP, 30 de maio de 2010.

PALAVRAS DO MESTRE DE LYON [1]

Os meios apropriados para educar a juventude constituem uma ciência bem distinta que se deveria estudar para ser educador, como se estuda a medicina para ser médico.

Hippolyte Léon Denizard Rivail

A educação é a arte de formar os homens, isto é, a arte de neles fazer surgir os germes das virtudes e reprimir os do vício. (...)

Hippolyte Léon Denizard Rivail

---

[1] Nota da Editora: Todas as citações nas aberturas dos capítulos onde intitulamos "Palavras do Mestre de Lyon" foram extraídas do livro "Plano proposto para a melhoria da educação pública", Editora Leon Denis, 1ª edição, 2005. Obra publicada originalmente na França em 1828 por Hippolyte Léon Denizard Rivail, que anos depois utilizaria o pseudônimo Allan Kardec.

PARA REFLEXÃO

QUESTÃO 385

De onde provém a mudança que se opera no caráter, a uma certa idade, e particularmente ao sair da adolescência? É o Espírito que se modifica?

É o Espírito que retoma sua natureza e se mostra como ele era. (...) A infância tem, ainda, uma outra utilidade: os Espíritos não entram na vida corporal senão para se aperfeiçoar, se melhorar; a fraqueza da pouca idade os torna flexíveis, acessíveis aos conselhos da experiência e daqueles que os devem fazer progredir. É, então, que se pode reformar seu caráter e lhes reprimir as más inclinações; tal é o dever que Deus confiou aos seus pais, missão sagrada pela qual deverão responder. (...)

1
FASE DE TRANSIÇÃO

Adolescência é um período de mudança caracterizada por aspectos biológicos, psicológicos, sociais e culturais; uma estação da vida do ser humano onde se vai descobrindo a si mesmo e aos outros, construindo sua personalidade, formatando ideias e projetos de cunho pessoal.

A fase da juventude terrena é, incontestavelmente, uma etapa de transição em que o ser reencarnado precisa de auxílio e norteamento. Recém-retornado do mundo espiritual para novos experimentos no planeta, cabe-lhe aproveitar bem a oportunidade de crescimento individual que lhe é concedida.

O Espiritismo apresenta ao jovem um programa notável de vida, explicando-lhe o propósito da existência na qual se encontra inserido, ora transitando na esfera física ora fora dela, como um ser espiritual que não pode ser dividido apenas porque vive uma etapa ou estado temporário.

O conceito de adolescência foi construído através dos anos para assinalar a passagem de um ciclo da vida (infância) para um outro (idade adulta). Ligada ao tempo e espaço, essa construção teve suas primeiras pilastras na Idade Média. Hoje tem outro significado.

A noção de adolescência não possui caráter absoluto, pois nem todos os adolescentes têm uma mesma experiência existencial. São diferentes as experiências do jovem de classe alta e as do adolescente de classe baixa, como há traços distintos entre a juventude asiática e a europeia, por exemplo. Cada qual tem seus desafios, valores e tradições, entretanto são dessemelhantes entre si.

Existem diversidades e elas deverão ser levadas em conta no que se refere ao progresso interno do adolescente rumo à maturidade. A transitoriedade juvenil é muitas vezes agravada pelos incessantes conflitos familiares, porque gerações diferentes possuem visões distintas do mundo, sendo perfeitamente compreensível e natural que jovens e adultos entendam as coisas de modo desigual, criando juízo ou apreciação completamente divergente.

A base para um bom relacionamento é realmente o diálogo. Através da troca de ideias, exposição de razões em defesa de pontos de vista, jovens e adultos entendem as angústias e medos que cada um sente e, a partir daí, poderão tomar medidas que aliviem e diminuam esses choques de opiniões.

Ainda uma observação a respeito do conceito de normalidade e anormalidade na adolescência: normalidade é um estado padrão, considerado correto por conta de uma maioria que possui um ponto de vista comum; anormalidade é tudo aquilo que é contrário a essa maioria ou que foge desse padrão preestabelecido.

Nessa fase de transição, muitos problemas do jovem dependem das expectativas ou comparações que os pais fazem ou alimentam a seu respeito. É duro ver o filho dar "cabeçadas", mas é a única maneira de deixar que ele cresça. Muito importante e apropriado é o provérbio: "Se o jovem soubesse, se o velho pudesse..."

Um adolescente pode amadurecer sexualmente por completo num breve tempo de 6 meses; outro poderá levar 3 anos. O desenvolvimento físico de um poderá iniciar-se aos 11, o de outro, só aos 16. Fatores emocionais agem sobre os fatos da temporalidade, promovendo alterações fisiológicas.

É imperioso incentivar os jovens a participar de grupos de relacionamento, para favorecer o entrosamento entre colegas e amigos de ambos os sexos, por meio de excursões, acampamentos, frequencia em grupos de mocidade espírita e tudo aquilo que possa facilitar sua integração social.

Para o adolescente, estar ligado a um grupo social significa "encontrar-se", pois os amigos podem lhe dar certo suporte e segurança nessa fase de adaptação e transição. O agrupamento de jovens é o melhor espaço para descobrir a própria identidade, compartilhar sonhos, viver os melhores e mais saudáveis momentos da juventude.

Por fim, devemos nos perguntar o que é mocidade, já que procuramos viver de acordo com os princípios da imortalidade. É um estado da idade física que não corresponde necessariamente à do Espírito, quer dizer, não representa a idade da alma. Há moços que habitam o mundo trazendo em si uma madureza indescritível, fruto das experiências adquiridas em múltiplas encarnações.

A jornada terrena pode ser comparada ao itinerário de uma turnê de grande utilidade. A infância, a juventude e a velhice são paradas predeterminadas das almas na viagem rumo a novas conquistas imortais.

PALAVRAS DO MESTRE DE LYON

Vede as crianças que cedo receberam ideias sobre história, história natural, física ou química; as estátuas, os quadros, as plantas, os animais, os fenômenos de que são testemunhas, uma simples pedra, tudo os interessa. Sua atenção é despertada, e, por suas perguntas, as crianças provam quanta vantagem se pode tirar da sua inteligência quando se sabe proceder convenientemente com ela. (...)

Hippolyte Léon Denizard Rivail

PARA
REFLEXÃO

QUESTÃO 804

Por que Deus não deu as mesmas aptidões para todos os homens?

Deus criou todos os Espíritos iguais, mas cada um deles tem maior ou menor vivência e, por conseguinte, tem maior ou menor experiência. A diferença está no grau da sua experiência e da sua vontade, que é o livre-arbítrio; daí, uns se aperfeiçoam mais rapidamente e isso lhes dá aptidões diversas. A variedade das aptidões é necessária, a fim de que cada um possa concorrer aos objetivos da Providência, no limite do desenvolvimento de suas forças físicas e intelectuais: o que um não faz, o outro faz. É assim que cada um tem seu papel útil. Depois, todos os mundos sendo solidários uns com os outros, é preciso que os habitantes dos mundos superiores – e que, na maioria, foram criados antes do vosso – venham aqui habitar para vos dar o exemplo.

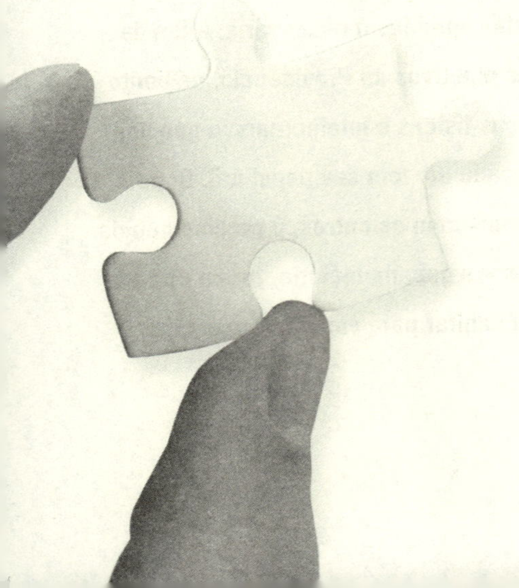

JUVENTUDE E CRIATIVIDADE

Os conceitos da civilização ocidental estabeleceram que a fase mais importante da existência do ser humano, seu auge ou apogeu, ocorre somente quando se chega à vida adulta.

Em virtude disso, parece que a adolescência tem sua importância apenas como trajeto ou lugar de passagem entre a infância e a madureza, e é tida mais como uma época de turbulências ou transição dificultosa do que uma fase profícua, fecunda e capaz de produzir ideias e coisas novas, originais, criativas.

Toda fase tem características próprias, por isso como julgar somente um período existencial como completo ou incompleto, só porque ele não corresponde ao padrão de completude que a sociedade contemporânea ocidental instituiu? Cada um dos estágios de uma pessoa deve ser observado quanto aos seus desenvolvimentos corporal, mental e espiritual.

Plena é a vida de todo indivíduo que participa dela intensamente da melhor maneira possível, seja na infância, na adolescência, na fase adulta, seja na idade avançada.

A duração total da existência humana, bem como cada fase dela, é transitória e temporária. Todas essas fases também se subdividem, passam por etapas iniciais e terminais; dessa forma, tudo se encadeia e tudo se faz ponte entre as anteriores e as posteriores. Enfim, todas são valiosas e importantes.

Cada fase é a pedra básica para a seguinte, e quando ela passa não deixa de existir totalmente, porquanto se integra à estrutura subsequente.

Dessa forma, a adolescência não deve ser vista somente como um ciclo de transição, sem tanta importância, visto que é um tempo da vida que encerra importantes lições a ser aprendidas tanto quanto as dos outros períodos existenciais do ser humano.

Disse Jean Piaget que "o professor não ensina, mas arranja modos de a própria criança descobrir. Cria situações-problemas".

As atividades educativas podem auxiliar os jovens a resgatar suas almas, desenvolver seu senso de identidade, aflorar sua capacidade criadora (geralmente massacrada pelas obrigações escolares, pela cultura da mesmice, pelas coações dos grupos), restaurando a autoestima, facilitando a percepção da vida e a capacidade de aprender com as experiências vividas. A propósito, indivíduos criativos são reconhecidos por resistirem a qualquer tipo de ensino de má qualidade.

O adolescente deve ser estimulado a substituir a repetição e a padronização pelo espírito inventivo, a curiosidade pelo inusitado e pela possibilidade de reinventar, ficando assim capacitado para conviver com o incerto e com o imprevisível e adaptar-se ao aperiódico.

E também a avaliar e interpretar a linguagem metafórica dos pensamentos, as ideias que estão sob forma figurada e a sutileza das alegorias que se apresentam no mundo artístico, intelectual, transcendental, fazendo do lazer, da sexualidade e da imaginação um exercício de prudência e de liberdade responsável.

A atividade educativa deve dar espaço para motivar ideias originais e úteis e gerar a habilidade de solucionar os problemas do dia a dia. Deve propiciar um olhar diferente para as coisas que todo mundo vê de forma igual.

Os educadores devem ter por base a formação de jovens voltados para a sensibilidade, capazes de se indignar diante da violência, da humilhação a que são submetidos seus semelhantes, e de se inconformar com certas situações de marasmo social. Isso os levaria a reconhecer que é muito mais importante ser construtores criativos da sociedade na qual vivem do que se tornarem sabichões versados, eruditos, egoístas ou coisa semelhante.

Não é conhecendo muitas coisas e acumulando muitos diplomas que o adolescente passa a ser criativo, mas sim pondo muitas coisas em confronto e avaliando-as, o que desperta certo nível de criatividade. As normas impõem formas. Sair dessa esfera de ação e produzir outras formas constitui fazer algo de um modo que não era feito antes.

Embora não haja uma receita para se alcançar o ápice criativo, existem algumas indicações que podem incentivar a novos horizontes:

- Leia habitualmente – Entregue-se à leitura como rotina, leia assuntos de seu interesse, mas também outros totalmente diferentes dos que você está acostumado. Informe-se – a inspiração não surge do nada. Conhecimentos que se apresentam de modo incomum estimularão o pensamento sobre novos assuntos, liberando os acessos para a criatividade.

- Ative sua curiosidade – Busque experiências diversas, entre em contato com manifestações artísticas ou atividades inéditas. A vontade de aprender, pesquisar, saber, sempre foi um grande salto para a criatividade. Converse com o maior número de pessoas, independentemente do seu nível social, raça ou religião.

- Ensine sempre que possível – Inverta o processo de aprender, ensinando alguém. Prepare pessoas sobre matérias que domina ou ensine-lhes a fazer algo que conhece. Lecionar proporciona uma troca de experiências fundamental, colocando nosso pensamento em trajeto de criatividade.

- Lance mão de novas informações – O processo de criação está associado às pesquisas que efetuamos. Reestude, verifique, repense. Desperte seu interesse pelo maior número possível de matérias, assuntos, situações. Veja tudo como se fosse a primeira vez. Acostume-se a fazer perguntas: Por que? Como? Onde? Quem? Qual? Quando?

A criatividade não deve ser entendida somente como uma aptidão de vidas passadas ou como um dom especial de indivíduos iluminados, mas também como consequência da interação de nossa herança genética com o ambiente em que nos desenvolvemos, ou seja, o estímulo externo acrescenta-se à motivação interna.

Apesar de já sabermos que todo ser humano possui o potencial criativo em germe e pode explorá-lo, não devemos bombardear o dia inteiro os filhos com estímulos que incitem a sua inteligência, nem mesmo abandonar os jovens à própria sorte na porta da escola com a desculpa de que já estão aptos a viver como adultos.

Como diz o velho ditado popular: "Nem tanto ao mar, nem tanto à terra". Dessa maneira, o ser humano pode e deve buscar o meio-termo, isto é, a moderação determinada pelas exigências das circunstâncias.

PALAVRAS DO MESTRE DE LYON

Estar mais em harmonia com as necessidades da sociedade, porque prepararia as crianças realmente para todas as carreiras que as vicissitudes da fortuna podem obrigar a abraçar. (...)

Hippolyte Léon Denizard Rivail

PARA REFLEXÃO

QUESTÃO 795

Qual é a causa da instabilidade das leis humanas?

Nos tempos de barbárie, são os mais fortes que fazem as leis, e as fazem para eles. Foi preciso as modificar, à medida que os homens compreenderam melhor a justiça. As leis humanas são mais estáveis, à medida que se aproximam da verdadeira justiça, quer dizer, à medida que elas são feitas para todos e se identificam com a lei natural.

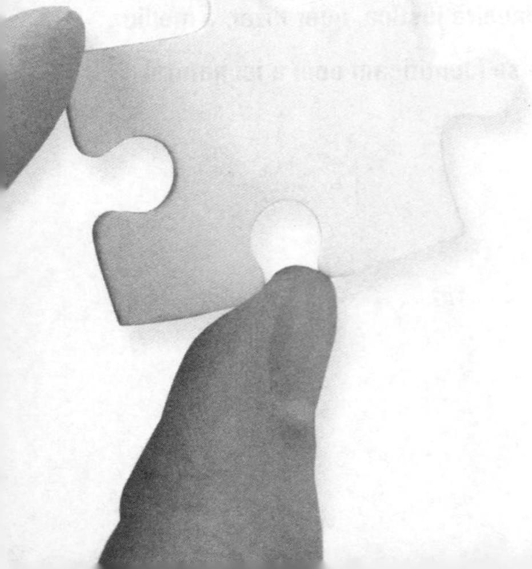

3
O JOVEM E O SENTIMENTO DE PERTENÇA SOCIAL

O sentimento de pertença por parte dos jovens é um mergulho no universo relacional da coletividade. O significado de pertencer à sociedade, a sensação de estar inserido, de fazer parte, evoca nos seres juvenis uma comunhão com seus semelhantes. Esse sentimento faz com que o indivíduo se descubra no grupo e com ele estabeleça relação, trocando ideias, mas sujeitando-se às suas normas e padrões.

Quando o jovem se declara independente, deve estar também preparado para assumir-se como integrante e atuante da pólis (cidade). Significa entender-se como um ser que "tem tudo a ver" com o estado de coisas ao seu redor e sentir-se responsável por elas. Pertencimento e responsabilidade constituem aspectos primordiais que caracterizam o senso de comunidade, admissão participativa na sociedade, seja ela qual for.

Os jovens seres humanos, matéria-prima que

precisa ser lapidada, são facilmente sensíveis, suscetíveis em alto grau, presas fáceis das emoções políticas. O arrebatamento do adolescente, seu interesse insaciável por todas as causas, especialmente as radicais, representam em suma tudo aquilo que os políticos procuram para angariar adeptos.

É indispensável que pais ou responsáveis construam uma convicção profundamente ética nos filhos, para que estes possam resistir à atração do canto das "sereias políticas", das filiações partidárias baseadas nos interesses pessoais ou troca de favores, das correntes torpes dos negócios públicos que agitam o mundo atual.

No entanto, Política e Doutrina Espírita não podem ser consideradas basicamente mundos opostos – o Espiritismo ligado unicamente a Deus e a Política atrelada apenas a "Mamon". É preciso entender bem essas duas posturas conceituais e não colocá-las em extremos diferentes.

A real finalidade da política é tornar amena e confortável a existência e prósperos e felizes os povos.

O jovem espírita pode gostar da política e a ela aderir. Se desejar seguir uma carreira pública, poderá levar consigo seu conhecimento dos princípios do Espiritismo, aplicá-lo, prever se vai ou não ser possível conviver em realidades diferentes; tudo vai depender do grau de maturidade e da capacidade de adaptação para viver num mundo onde há diferenciadas ideias e ideais coexistindo.

Importante é respeitar os gostos vocacionais do adolescente e não deixar de considerar suas tendências inatas. É dever precípuo de quem esteja esclarecendo a juventude fazê-la perceber que, na política como em qualquer movimento social, não existem resultados tidos como bons ou maus, e que não devemos ver as ocorrências de forma afunilada, mas como o somatório de inúmeros fatores histórico-culturais que escapam, quase sempre, das visões ortodoxas e das teorias de caráter hipotético.

O bem e o mal não têm o mesmo significado nem a mesma fundamentação, pois os conceitos de certo e errado são ligados diretamente com as leis humanas e os costumes de cada época.

A atitude política depende dos contextos culturais, que representam, portanto, realidades variáveis. São comportamentos condizentes com as limitações de uma nação, estado ou fronteiras culturais.

A inclusão social, que permite o exercício dos

direitos políticos e civis, tem sido encarada cada vez mais como uma forma de promover a participação positiva dos jovens na comunidade.

O adolescente tem grande capacidade de entrega para defender causas cívicas que exijam muita criatividade.

Precisamos reavaliar o "adultocentrismo político" (Forma de discriminação contra adolescentes só por causa de sua pouca idade. Como se só aquilo que o adulto pensa ou faz fosse válido e só seus interesses fossem importantes.), dando cada vez mais voz e oportunidades aos moços, criando espaços próprios para a expressão das suas competências e aptidões, facultando-lhes iniciativas e tomadas de decisões nas áreas políticas e governamentais.

A participação dos jovens é necessária porque eles veem uma parte da realidade social que os adultos não mais observam.

A consciência política promove nos jovens a conquista de valores pessoais, tais como:

• Confiança – O indivíduo sente autoconfiança com base na sua capacidade de criar e administrar competências.

• Pertença – Desenvolve um sentimento positivo de pertença em sua comunidade, tornando-se adulto que se preocupa com seus semelhantes.

• Responsabilidade – O jovem passa a ter uma noção de dever e comprometimento pátrio aliada à capacidade de persistir na adversidade.

• Cooperação – Fica sensibilizado para atuar juntamente com os outros, para um mesmo fim patriótico, contribuindo com trabalho e esforços para melhorar a sua coletividade.

Obviamente que falamos aqui sobre a política que conduz os assuntos públicos para o bem de todos, não para proveito particular.

Quem não toma partido na política não é apartidário; é, sim, aquele que já tomou a decisão de se submeter à vontade política dos outros.

Devemos eliminar esse entendimento sobre a política, já que as pessoas inconscientes que dizem "não sou político", "odeio política", "os políticos são todos iguais", "não me envolvo com política" – mal sabem que isso é uma conduta política. Pois a política está em toda parte, inclusive na liberdade de expressar e de manifestar uma opinião.

PALAVRAS DO MESTRE DE LYON

A inteligência deve ser desenvolvida bem cedo, como a moral, e não é sobrecarregando a memória com palavras que se conseguirá isso, mas enriquecendo a imaginação com ideias justas. As palavras vazias de sentido são no espírito o que os grãos estéreis são na terra; elas não produzem nada sem o conhecimento íntimo dos objetivos que representam, visto que as esquecemos tão facilmente quanto as aprendemos. (...)

Hippolyte Léon Denizard Rivail

PARA REFLEXÃO

QUESTÃO 780

O progresso moral segue o progresso intelectual?

É sua consequência, todavia não o segue sempre imediatamente.

QUESTÃO 780 - A

Como o progresso intelectual pode conduzir ao progresso moral?

Fazendo compreender o bem e o mal: o homem, então, pode escolher. O desenvolvimento do livre-arbítrio segue o desenvolvimento da inteligência e aumenta a responsabilidade dos atos.

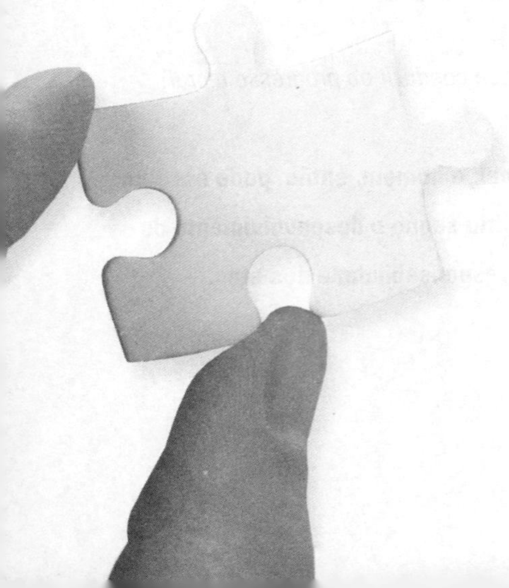

4
JUVENTUDE NO MUNDO GLOBALIZADO

A grande tarefa do Espiritismo na Terra não é somente trazer extraordinários conhecimentos sobre a fenomenologia mediúnica, mas ensinar os homens a se relacionar através da comunicação ética e do bom senso, iluminando-lhes a marcha do progresso para uma vida superior.

Os veículos de comunicação interferem na formação da personalidade do jovem, e muitas vezes de forma negativa, interpondo-se nas suas ideias e ideais e levando a mocidade a assuntos desapropriados e inconvenientes à idade mental/psicológica inerente à fase em que vivem.

A singeleza e a naturalidade típica da juventude são deixadas de lado e, explorando a boa-fé e a ingenuidade, passa a vigorar a apelação sexual, recurso pernicioso que vai despertar desejos ainda adormecidos e inconscientes no ser que não está completamente formado.

Assim sendo, muitos jovens abdicam de sua liberdade de pensar para pôr no lugar o legado dominador dos meios de comunicação, deixando-se manipular ou controlar.

Estamos habituados a receber notícias diariamente de tudo que se passa ao nosso derredor e do mundo em geral. Assistimos a filmes, noticiários sobre a intimidade de atores e celebridades, comentários catastróficos, propagandas que disseminam ideias (verdadeiras ou falsas), recebemos jornais e outros periódicos com os mais diversificados temas, sem darmos conta de que eles nos ocupam o tempo e nem sempre nos trazem a autenticidade dos fatos.

A "comunicação de massa" é de caráter universal, é uma forma de difusão dirigida a uma multidão de pessoas, heterogênea e anônima, enquanto o "diálogo social", ou a "comunicação humana", aquela que se estabelece entre seres humanos, é de caráter pessoal. A propósito, o vácuo criado pela ausência de bom senso de alguns veículos de comunicação de massa pode ser logo preenchido pelos diálogos pessoais, onde se estabeleça uma troca de potencialidades humanas.

Enfim, os meios de comunicação podem ser utilizados tanto para pôr ao alcance da população informações úteis e essenciais, como para manter os indivíduos em estado de alienação, induzindo-os a ignorar a realidade, prescrevendo certas condutas estereotipadas e impondo um modelo de vida, de beleza e de felicidade com objetivos e ideais quase sempre inacessíveis.

Uma série de objetos de consumo veiculados pela publicidade tem como convite agregar "atributos implícitos" ao produto, tais como reconhecimento social, beleza, sensualidade, confiança, sentimento de pertença. A propaganda passa ao consumidor a ideia de que, ao adquiri-lo, ele obterá também essas "qualidades subjetivas" associadas ao objeto da compra.

É difícil compreender o mundo do adolescente sem considerar o grande impacto que os meios de comunicação fazem na sua vida. Como, por exemplo, as conversas informais, diálogos públicos nas telecomunicações, o rádio, o cinema, a escrita impressa – livros, revistas, boletins, jornais, os meios eletrônicos – o computador, os vícios eletrônicos e, de um modo geral, aqueles que abrangem as diversas telefonias.

O mundo atual está imerso na mídia, e os moços não poderiam escapar ao deslumbramento que essas novas tecnologias exercem sobre todos os seres humanos. Vivendo numa civilização em que se tornou essencial "a troca de informação, ideias, opiniões e conhecimentos", os jovens adotaram os mais variados tipos de comunicação, utilizando-os amplamente no contato com os seres e objetos do mundo exterior.

A tão difundida "era digital" é um paradoxo, pois, ao mesmo tempo que nos trouxe inúmeros benefícios, também nos determina muito mais cuidado, capacidade de seleção, discernimento e compreensão das informações que recebemos.

Na comunicação do adolescente propriamente dita, é preciso notar a intervenção de alguns fatores básicos: **físico e/ou biológico**, referente à utilização dos órgãos dos sentidos (informações transmitidas por intermédio de recursos físicos, como fala, audição, visão e assim por diante) e de outros aparelhos do nosso organismo, que funcionam conforme a herança genética de cada um; **social**, relativo à esfera familiar, grupos de amigos e ao mundo social do adolescente, ou seja, a sabedoria, experiências e condutas das pessoas que fazem parte do seu dia a dia; e **psicológico e/ou espiritual**, que diz respeito à bagagem dos conhecimentos adquiridos, nesta ou em outras vidas: as experiências reencarnatórias, os traumas ou choques emocionais que sofreu, a capacidade e a forma de adaptação de cada ser humano. Esses determinantes agem estimulando e facilitando, ou inibindo e prejudicando a comunicação.

É preciso perspicácia para "perceber o jovem" e discernir sua metacomunicação (comunicação não verbal) se quisermos entrar em sintonia com ele e entendê-lo e aceitá-lo como é necessário.

O adolescente ponderado e consequente assume compromisso com o seu próprio bem e o bem comum. Segue o conselho de Paulo de Tarso: "Ver de tudo e ficar com o que for bom".[1]

---

[1] I Tessalonicenses, 5:21.

PALAVRAS DO MESTRE DE LYON

Ora, como se sabe, o hábito é uma segunda natureza que nos leva, malgrado nosso, a fazer uma coisa, a maior parte das vezes, sem que a nossa vontade dela participe; daí o que se denomina nossas inclinações, que nada mais são que hábitos inveterados. (...)

Hippolyte Léon Denizard Rivail

Sob esse aspecto, o sistema de punições é uma das partes mais importantes a considerar na educação porque, geralmente, elas são a origem da maior parte das imperfeições e dos vícios. Frequentemente bastante severas ou aplicadas com parcialidade e em um momento de impaciência, as punições irritam as crianças em vez de as convencer. Quanta astúcia, quantos meios deturpados, quantas fraudes as crianças não empregam para evitá-las! (...)

Hippolyte Léon Denizard Rivail

PARA
REFLEXÃO

QUESTÃO 827

A obrigação de respeitar os direitos alheios tira ao homem o direito de pertencer a si mesmo?

De modo algum, porque é um direito que lhe vem da Natureza.

5
A BUSCA DA IDENTIDADE

O adolescente está sempre buscando seu caminho exclusivo, atrás de tudo aquilo que o diferencia, procurando ser aceito pela sociedade em geral e mantendo relações com outras pessoas e com os diversos grupos sociais do meio a que pertence.

O impulso primordial do jovem é crescer e se desenvolver; adquirir força, maturidade e confiança em si mesmo; encontrar sua identidade, seu lugar no mundo; preparar-se, enfim, para assumir a função de adulto atuante, participante e integrado na comunidade humana.

O mundo social nos mostra, por meio de fenômenos subliminares, de forma subentendida ou por associação de ideias, o que é permitido e proibido socialmente, e o que fazer para termos uma boa reputação. No tempo determinado em que iniciam a busca do caminho pessoal, a energia psíquica passa a convergir para um ponto que tende ajustar às expectativas sociais a formação da personalidade. Todo ser humano tem necessidade de ser aceito, de ser estimado e valorizado pela coletividade.

Então, os moços nem sempre vão edificando uma autêntica personalidade, e sim uma personalidade para ser acolhida por todos: mostram-se descontraídos, calorosos e expressivos, mas, simultaneamente, vão desenvolvendo habilidades compensatórias a fim de disfarçar suas inseguranças, raivas e medos, e, desse modo, camuflar sua falta de confiança em si mesmos. E assim crescem, não entrando em contato com suas emoções incômodas, ocultando seus enganos e incapacidades com muita artimanha.

Acontece que, quando não damos espaço para exprimir os anseios da alma, quando não aceitamos as disposições naturais e espontâneas e não as integramos à personalidade, ficamos descompensados emocionalmente, exigindo de nós mesmos um esforço enorme para manter estruturada a individualidade diante das exigências sociais.

No entanto, apesar de suprimidas certas atitudes, emoções e fantasias, afastando-as do campo da consciência, mesmo assim as energias psíquicas vão se desenvolvendo em silêncio... e se manifestando de forma imprevisível. São forças que levam a atitudes extravagantes e inesperadas e a expressões exacerbadas de sentimentos.

No trato com os adolescentes, devemos estar preparados para todo tipo de "reação de ajustamento". É a fase em que o jovem deve estabelecer sua verdadeira identidade, formar a própria filosofia de vida, construir suas opiniões e juízos sobre o mundo, enfim desenvolver uma consciência individual, com metas, desejos e esperanças para sua existência futura.

No ambiente familiar, o adolescente pode se revoltar diante de pais dramáticos, possessivos, prepotentes, tirânicos, que muitas vezes o impedem de desenvolver sua autonomia e aspiração de independência, e de pensar, agir e viver por si próprio. Diante dessas circunstâncias, ele poderá optar por estruturar sua personalidade usando um comportamento defensivo, para não sufocá-la.

Nessas condições, o moço se verá constrangido a rebater, temporariamente, as ideias, tradições religiosas, costumes, regras e preceitos do seu grupo familiar, para elaborar sua capacidade de autogovernar-se.

Não adotará ideias preestabelecidas nem seguirá as regras e usos correntes, no tocante a roupas, cabelos, hábitos e atitudes drásticas e antagônicas no ambiente doméstico. No entanto, se utilizarmos a estratégia de não condená-lo nem submetê-lo a castigos sucessivos, nem mesmo o forçando por meio de pressão moralista, ele poderá retornar gradativamente aos costumes e hábitos do seu grupo familiar, assim que se auto-afirmar.

No moço, em muitas circunstâncias, é tão densa a autoridade da "educação modeladora" e os padrões de adaptação, que, mesmo contrariado, "engole em seco", mas repete os mesmos modelos incutidos. Entretanto, apesar dessa imposição dos adultos, ele traz em sua intimidade a força do somatório das personalidades vividas em outras reencarnações, razão pela qual a formação da sua individualidade requer tempo e maturidade, os quais servem de intermediários para que ele possa avaliar quem realmente é e o que verdadeiramente almeja.

Liberdade – sem compromisso e responsabilidade – redunda em vida dissoluta e indisciplinada.

Nós, os seareiros da Doutrina Espírita, jovens ou não, desencarnados ou encarnados, estamos todos em total renovação nas paragens terrenas, e não podemos nos esquecer de que a lógica – função intelectual que visa à resolução do que é verdadeiro ou não – e o discernimento – capacidade de avaliar as coisas com bom senso e clareza – são fatores indispensáveis ao nosso aperfeiçoamento. Na busca da identidade, é preciso viver sem a "santa inocência", que nos leva a tudo entregar ou ceder, e sem a soberba, que nos incita a tudo dominar ou conquistar.

PALAVRAS DO MESTRE DE LYON

Pôr livros nas mãos das crianças e fazê-las aprender de cor, sem se incomodar se elas compreendem ou não, eis o método que é seguido; assim perguntai à maior parte das crianças sobre o fundamento do que sabem, e ficareis espantados com a nulidade do proveito que obtiveram ou com a aparência bizarra que as coisas mais simples tomaram em seu espírito. (...)

Hippolyte Léon Denizard Rivail

PARA REFLEXÃO

QUESTÃO 626

As leis divinas e naturais não foram reveladas aos homens senão por Jesus, e antes dele, delas não tinham conhecimento senão por intuição?

Não dissemos que elas estão escritas por toda parte? Todos os homens que meditaram sobre a sabedoria puderam, pois, compreendê-las e as ensinaram desde os séculos mais remotos. Pelos seus ensinamentos, mesmo incompletos, eles prepararam o terreno para receber a semente. As leis divinas, estando escritas no livro da Natureza, o homem pôde conhecê-las quando as quis procurar; é por isso que os preceitos que elas consagram foram proclamados em todos os tempos pelos homens de bem (...)

O JOVEM E A RELIGIÃO

Na atualidade, tem chamado a atenção dos estudiosos o grande número de jovens "sem religião". Entretanto, muitos desses jovens acreditam em Deus, mas rejeitam as religiões institucionalizadas, dogmas e tudo que se apresenta com caráter de certeza absoluta.

O adolescente de hoje vive em um mundo dinâmico e veloz, onde as informações das mais variadas fontes são acessíveis a todos de forma rápida e a custo razoável. Por isso, diante de tantas publicações científicas, páginas na internet, produções literárias, revistas culturais, folhetins, textos e artigos filosóficos, ele vive em crise religiosa e se pergunta: crença ou descrença – o que é mais saudável?

Para muitos jovens, é muito complexo conciliar filosofia e religião com os conceitos da ciência; não conseguem discernir que todas estão em busca da

mesma verdade e que, indistintamente, todas procuram compreender, porém de forma diversa, os mistérios da vida.

Afirmam algumas pessoas equivocadas que a melhor fé, hoje, é aquela que difere dos tempos de outrora, quando a meninada ia aos cultos ou reuniões por imposição familiar e social. Dizem ainda que é muito mais uma questão de escolha pessoal, pois os jovens fiéis elegem a própria religião de conformidade com seus desejos e buscas individuais.

Entretanto, somos de parecer que não podemos vivenciar a religiosidade como se estivéssemos olhando para uma prateleira de supermercado ou para um serviço self-service, em que a criatura escolhe o que mais lhe atrai no momento e segundo seu apetite caprichoso.

Aceitamos, porém, que a nova geração tem como uma de suas características a tolerância religiosa, que é muito bem-vinda nos dias atuais, e que deve elegê-la como traço distintivo e fundamental nos encontros religiosos de promoção e integração social. Rapazes e moças vão aos templos ou encontros e lá conhecem outros adolescentes que pensam como eles. Assim, formam grupos coesos. Assistem às reuniões, estudam juntos, saem à noite, viajam, se divertem. O lazer fica associado aos movimentos da fé.

Mas precisamos ficar atentos para não nos transformarmos em adeptos de uma religião personalista que enseje espaço para a proliferação de crenças estranhas, ditas alternativas, cujo maior enfoque é o culto ao esdrúxulo, exótico e excêntrico.

Com o advento de etapa já prevista da evolução terrestre, conhecida como Nova Era[1], inicia-se um ciclo de renovadas tendências e necessidades:

"(...) São chegados os tempos em que as ideias morais devem se desenvolver para cumprir os progressos que estão nos desígnios de Deus; elas devem seguir o mesmo caminho que as ideias de liberdade percorreram, e que delas eram precursoras. (...)" [2]

As novas gerações não aceitam ditadores da moral alheia, oradores inflexíveis e dirigentes fanáticos. Elas possuem uma visão de mundo, implícita na religião, que preconiza o respeito a si próprio e a seu

---

[1] e [2] Evangelho segundo o Espiritismo, cap. I, item 9, Boa Nova Editora.

semelhante; acreditam em Deus como uma força maravilhosa que controla tudo quanto existe ou possa existir, e não em homens, ditos "santificados", que dizem ser o cajado nas mãos de Deus para repreender e encaminhar os "pecadores" e "incrédulos".

A descrença deixou de ser um fenômeno reduzido a alguns poucos indivíduos para converter-se em um fenômeno de massa.

No aspecto religioso, necessitam os jovens da orientação elucidativa, amiga e bondosa não só dos pais, mas de líderes religiosos racionais e de professores sensatos que souberem conquistar a confiança, o respeito e a consideração do adolescente.

Em muitas circunstâncias, os filhos não aceitam de imediato os princípios religiosos dos pais. Estes por sua vez se entregam à desesperança e veem cair por terra todos os seus empenhos e esforços. À primeira vista, os ensinos da família podem parecer "palavras vãs, sem validade" diante das contestações do adolescente. Entretanto, a semente, lançada na alma juvenil e cultivada de forma lenta e constante, na hora certa germinará.

São paradoxais as atitudes de certos adultos diante da mocidade. Alguns frequentam os cultos e estudam os preceitos da religião, mas na vida pessoal nada praticam; fazem parte do grupo de pessoas que prestam, de forma não intencional, um desserviço à fé. Outros dizem não ter um fervor religioso, mas revelam uma conduta que condiz com os valores éticos que apresentam teor fraterno e humanitário.

Essas situações geram opiniões e pontos de vista sensivelmente contrários aos que foram inicialmente propostos ao jovem. A partir daí, podem surgir incerteza, vacilação ou enfraquecimento moral, e a crença ficar abalada a ponto de causar prevenção e indiferença aos princípios religiosos, descrença e abdicação do lenitivo da fé.

A religião não pode ser por si só incriminada ou condenada pelo que fazem em seu nome os supostos religiosos, pois jamais podem ser assim considerados os que fazem da fé um elemento de poderio e exploração. A religiosidade juvenil deve ser, antes de tudo, encorajada e estimulada, do que dirigida ou comandada.

PALAVRAS
DO MESTRE DE
LYON

Mas, poderão perguntar, é preciso fazer recair todo o mal sobre a responsabilidade dos pais e dos educadores? Não considerais em nada esses vícios que as crianças parecem trazer ao nascer? Esses temperamentos de tal modo viciosos que elas parecem nascidas para ser a desgraça da sociedade e sobre as quais todos os cuidados possíveis são inúteis? Não se vêem, diariamente, crianças educadas com os maiores cuidados, que nunca deixaram seus pais, e que, no entanto, têm as mais deploráveis tendências? E ao contrário, outras que resistem aos maus exemplos de que estão cercadas? Não é evidente, de acordo com isso, que a natureza muitas vezes tem a maior participação nessa circunstância?

Hippolyte Léon Denizard Rivail

PARA REFLEXÃO

QUESTÃO 204

Uma vez que temos tido várias existências, a parentela remonta além da nossa existência atual?

Isso não pode ser de outra forma. A sucessão das existências corporais estabelece entre os Espíritos laços que remontam às existências anteriores; daí, muitas vezes, as causas da simpatia entre vós e certos Espíritos que vos parecem estranhos.

7
ADOLESCÊNCIA E ADOÇÃO

Adotar uma criança ou um adolescente é um ato de amor irrestrito e uma manifestação explícita de afeto. Nossos filhos não são nossos filhos, são, antes, Espíritos imortais. Seus corpos é que são filhos dos nossos corpos, nada além disso.

Diz o Evangelho que "(...) só o corpo procede do corpo, e que o Espírito é independente do corpo"[1]; dessa forma, espiritualmente, podemos todos ser filhos e pais uns dos outros de acordo com a lei da reencarnação.

Adoção é um processo que transcende as questões biológicas; a tendência de ser pai ou mãe encontra-se muito além da capacidade física da fecundação, pois essa busca não é apenas corporal, mas igualmente existencial.

---
[1] O Evangelho segundo o Espiritismo, cap. 4, item 8, Boa Nova Editora.

Por esse motivo, a adoção precisa ser uma atitude refletida e amadurecida e com certeza terá sucesso se os indivíduos envolvidos tiverem certa disposição para aceitar e amar plenamente.

A falta de um filho faz com que determinados casais vivam em amarga solidão e pode até vislumbrar um ponto terminal em suas relações e/ou existências. Essa circunstância pode gerar um quadro típico de depressão, no qual muitos procuram atenuar sua desesperança através da adoção de um filho, que será uma forma de resgatar a motivação ou sentimento de continuar vivendo.

Muitas vezes, os adultos fazem das crianças ou dos adolescentes um poço de suas idealizações e expectativas, não se dando conta das implicações futuras de suas ilusões projetadas. Assim, os filhos podem arrastar vida afora o ônus das frustrações paternas e, também, a carga das cobranças e decepções que os pais cultivaram sobre eles.

No que se refere às causas que motivam os pais adotivos, verificamos que a maioria tem uma aspiração pessoal: "amar e ser amado" ou "satisfazer o desejo de ser pai/mãe".

Outras causas demonstram necessidades particulares, como: sair da solidão a dois, ser companheiro do filho consanguíneo; suprir a falta do filho desencarnado, entre outras tantas.

As narrativas de adoções estão repletas de conteúdos comuns e, via de regra, fazem referência a esperanças e fantasias, esterilidades e uniões, abandonos e rejeições, salvamentos de casamentos destruídos.

No entanto, é importante ressaltar que, apesar de existirem todas essas "motivações de caráter personalista", poderá não haver prejuízos na futura relação familiar desde que, após a adoção, o vínculo afetivo construído entre pais e filhos for tão amorosamente forte a ponto de neutralizar o suposto efeito dessas motivações, originariamente "egoísticas".

Os novos pais inicialmente poderão ser alvo da repulsa ou ressentimento que o pequeno ou o adolescente tem por seus pais naturais, por ter sido rejeitado e, por conta disso, projeta esses sentimentos na nova família. Entretanto, se os adultos se "conscientizarem plenamente" de que são somente pais substitutos dos pais biológicos, o comportamento dele mudará e, por consequência, eles serão melhores aceitos pelo filho, que verá na substituição algo de bom, verdadeiro e confiável.

Ser substituto não quer dizer "estar em uma condição superior ou inferior"; significa apenas acolher com afeto outra criatura. Os novos pais não devem evidenciar pontos negativos da família de origem, pois diante disso a propensão é levar o filho a sentir-se humilhado e rebaixado; ao contrário, sempre permitir que a memória dos pais biológicos faça parte da vida afetiva dele.

Ninguém é propriedade de ninguém. Não é a carne nem o sangue, e sim o amor, que nos faz pais e filhos.

Adotar uma criança não gerada biologicamente traz incertezas quanto ao seu desenvolvimento físico e emocional. Há temores quanto à herança genética ou má índole, preocupações com educação e com uma série de fatos relacionados ao futuro.

Tudo isso é compreensível, mas quando temos uma visão reencarnacionista passamos a entender a adoção sob um aspecto mais amplo. Intuímos que um filho legítimo pode ser uma alma problemática que encarnou com exigências, impulsos e tendências antagônicas a fim de proporcionar vários aprendizados naquela família; ao passo que o filho adotivo poderá ser uma alma amiga, que vem trazer alegrias e conhecimentos, advindos de inúmeras experiências vivenciadas no âmbito doméstico.

Em inúmeras ocasiões, uma criança ou adolescente (adotado ou legítimo) pode ser uma alma completamente desconhecida, uma criatura que nunca se viu ou cuja identidade se ignora. Espíritos de que não se tem nenhum conhecimento e que chegam ao nosso convívio pelas necessidades evolutivas de que carecemos. Ou vice-versa.

Dessa forma, ter um filho, venha de onde ele vier (não importa a maneira pela qual ele chegou até nós), sempre será para a família uma forma de progredir espiritualmente, de modo direto ou indireto.

Em outras ocasiões, surgem dúvidas: contar, ou não, a verdade sobre a adoção? quando e como fazer isso? o que poderá acontecer?

Melhor saber hoje dos próprios entes queridos do que amanhã do falatório dos intrusos da vida alheia; filhos adotivos, quando crescem ignorando os fatos reais de si mesmos, costumam levar enormes sofrimentos morais vida afora.

Portanto, a melhor maneira de encarar o assunto é os pais o verbalizarem com frequência, desde os primeiros relacionamentos com o filho. Não fazer desse fato ou questão um tabu, um mistério a ser guardado a sete chaves.

Um filho adotivo não deve ser chamado de "resgate familiar". Aliás, em se tratando da expressão "carma", devemos abandonar a ideia restrita e limitada que utilizamos comumente, atribuindo à palavra tão somente a ideia de dívidas pregressas ou reparação do mal causado a alguém.

Os carmas também podem ser entendidos como atitudes e gestos felizes que trazemos do passado, já que a lei de causa e efeito determina que os Espíritos reaprendam com seus desacertos do passado, mas também se beneficiem de todo o bem que praticaram.

São nossos maiores dons, potencialidades desenvolvidas, e que estão prontos para serem compartilhados, por isso podem nos proporcionar sempre mais realizações e serenidade.

Carma traz em um só vocábulo a ideia de destino, colheita, consequência do que nós mesmos criamos e semeamos. Causa e efeito caminham juntos, ou seja, "toda ação corresponde a uma reação igual e em sentido contrário", o que mais tarde Newton traduziu como uma das leis básicas da física.

Para amar o filho, não é preciso conhecê-lo, no sentido de devassar sua personalidade e caráter ou mesmo mapear suas vidas passadas. Amamos porque se estabeleceu desde o início o anseio de tê-lo, seja ele quem for; o que importa é a intenção e determinação de querer-lhe incondicionalmente.

Aos olhos dos pais o filho será sempre o "filho", venha de onde vier. Pais que repartem o carinho ficam cada vez mais ricos de alegrias; outros ainda não compartilham... E, quanto mais vazio de amor está o coração, mais penosa e árida a existência.

PALAVRAS DO MESTRE DE LYON

Tornai a ciência agradável para as crianças, colocai-a ao seu alcance, entrai em sua esfera e não procureis fazê-la entrar na vossa: esses são os meios de conquistar sua atenção. O educador hábil sabe tirar partido das menores circunstâncias para prender sua atenção; ele não tem receio de excitar, de tempos em tempos, sua alegria, provocando, a propósito, uma pequena digressão ao lado de uma explicação séria; há no tom com que fala, na sua maneira de os questionar, alguma coisa que os prende sem que o percebam, e sem constrangimento. (...)

Hippolyte Léon Denizard Rivail

Não se refletiu no fato de a educação se compor de todos os instantes da vida, visto que, durante todo o tempo, a criança pode receber impressões. Assim que aprendeu sua lição, abandona-se a criança a si mesma, como se o resto do seu tempo devesse, necessariamente, estar perdido para ela. (...)

Hippolyte Léon Denizard Rivail

PARA REFLEXÃO

QUESTÃO 876

Fora do direito consagrado pela lei humana, qual é a base da justiça fundada sobre a lei natural?

O Cristo vo-la deu: Desejar para os outros os que quereríeis para vós mesmos. Deus colocou no coração do homem a regra de toda a verdadeira justiça, pelo desejo de cada um de ver respeitar seus direitos. Na incerteza do que deve fazer em relação ao seu semelhante em uma dada circunstância, o homem se pergunta como ele desejaria que se fizesse para com ele em circunstância semelhante: Deus não poderia lhe dar um guia mais seguro do que a sua própria consciência.

O JOVEM E SUA FORMAÇÃO ÉTICA NO MUNDO DE HOJE

Do ponto de vista da ética, realçaria dois entre os comportamentos mais vividos no inter-relacionamento social:

Uma suposta ética do "interesse próprio", pela qual proporcionamos algo aos outros com segundas intenções. E a verdadeira ética do "interesse comum", que tem como premissa a valorização do semelhante para o melhoramento da comunidade.

A ética parte do pressuposto de que quanto mais se aumenta a consciência coletiva, mais se habilita o indivíduo à realização pessoal e, ao mesmo tempo, à sociedade como um todo. À medida que os semelhantes crescem, toda a comunidade cresce e, por consequência, todos crescemos.

Há enorme similitude entre a caridade e a ética de interesse comum – sentimento ou ação altruísta de ajudar o próximo sem buscar qualquer tipo de recompensa.

A ética – enquanto visão social – e a caridade – enquanto visão cristã – se traduzem em ações dignificantes que objetivam o progresso e a felicidade de todos, independentemente do credo religioso e da posição social de cada um.

As pessoas não são meros instrumentos de nosso ideal ou meta de vida; o alvo ou propósito existencial de cada um de nós estará sempre sujeito à realização da coletividade. Nesse afã, a importância primordial é a solidariedade, a relação mútua entre as pessoas, o desenvolvimento do todo. Esse é o objetivo que se almeja no âmbito da ética.

Ética deriva do grego *ethicós*. Na antiga sociedade grega, ela tinha estreita relação com os usos e costumes adotados para se evitar a *barbaries* (do latim), ou seja, barbarismo ou selvageria das nações estrangeiras dominadas pelos gregos e romanos, e, consequentemente, refrear seus costumes grosseiros e rústicos.

A ética vem iluminada pela razão e fomentada pelos bens do espírito. Os valores éticos atendem às aspirações essenciais da natureza humana, pois são propícios ao progresso das criaturas e às finalidades desse mesmo progresso.

Na atualidade, os conceitos modernos abriram um novo "campo de tensão" – afirma-se que cada um é dono de si próprio. O individual passa a ser um império de liberdade total, onde se subestima a ética da responsabilidade social ("cada um deve preocupar-se com todos") e onde se supervalorizam os direitos individuais ("cada um que cuide de si mesmo"). A partir daí é que se forma o "espaço de atrito".

Não ter em grande conta os princípios éticos poderá nos levar a uma postura egocêntrica, que distorce a realidade social e nos mantém presos a pontos de vista individualistas em detrimento dos interesses comuns.

Temos direitos, sim, estabelecidos pelas leis constitucionais, mas, e os nossos deveres? Quais são as nossas obrigações para com a sociedade? O que temos a ver com o faminto, explorado, excluído e com as vítimas da opressão e tirania? Daí, a importância do conceito de ética e cidadania.

O cidadão, pobre ou rico, é um ser dotado de direitos invioláveis, e está sujeito à lei como todos os demais, mas, infelizmente, vivemos numa sociedade de disparidades, onde as pessoas são tratadas segundo sua importância na escala social.

Muitos jovens, diante das conjunturas da miséria moral e social, das injustiças e discriminações, além de outras tantas indigências da atualidade, se sentem sensibilizados e indignados. Manifestam o desejo de reformar a sociedade, mas vivem num estado de hesitação ou de inquietação temerosa, pois pouco ou nenhum estímulo lhes são dados, seja pela comunidade seja pelos familiares. Eles se veem confusos, incompreendidos e sozinhos, buscando às cegas um caminho a seguir.

A nosso ver, é muito grave e perigoso essa indiferença dos adultos para com os jovens, não lhes dando uma orientação de vida ética; essa negligência é a razão de muitos distúrbios e dissensões nos ambientes universitário, político, religioso, etc. O jovem sem uma estrada decidida, e racionalmente escolhida, fica ao sabor de qualquer caminho que apareça, abraçando, a qualquer preço, ideais esdrúxulos para compensar sua revolta com o estado atual das coisas que o cercam.

O desinteresse quase total dos adultos na orientação de um caminho ético aos adolescentes é característica marcante e deprimente nos dias de hoje.

Muito se fala sobre "profissão e status", "profissão e dinheiro", e nunca sobre responsabilidades sociais.

O que presentemente se chama de "viver bem em sociedade" nada mais é do que um adereço para o embuste das ambições pessoais, em que as atitudes são coroadas pela suposta aura do dever cívico em prol do bem comum.

Atualmente, se entende por "civilidade" não mais um conjunto de formalidades e de atos que os cidadãos adotam entre si para demonstrar mútuo respeito e cidadania; mas somente boas maneiras, fineza e elegância.

Que parâmetro sugerir aos jovens nestes tempos em que os valores tanto flutuam? No que é possível crer ou não crer diante de tantas incertezas? O que é o bem (valor ético) e o mal (valor não ético) em nossas vidas?

O que o adolescente deve fazer em face da multiplicidade de ditames e princípios, muitas vezes conflitantes, provocando mais dúvidas do que certezas? O que fazer quando tudo se volatiza diante da rapidez das mudanças, quando se cobra cada vez mais a questão do certo e do errado?

Entranhado no espírito, o jovem

encontra o senso ético-moral
indelevelmente gravado por Deus.
De caráter consciencial, essa marca
divina dá significado à sua existência
e o coloca em comunhão com
todos os indicativos do favorável
e do inconveniente para os atos e
determinações do seu cotidiano.

"Deus não poderia lhe dar um guia mais seguro do que a sua própria consciência". As instruções da consciência exprimem a verdade oriunda do plano de Deus, e portanto de transcendência divina, capazes de livrar o jovem da "ciranda" das supostas éticas que perturbam a identificação do bem comum e que o induzem a obedecer aos imperativos de muitas normas injustas da lei humana.

PALAVRAS DO MESTRE DE LYON

Que não se pode esperar obter um bom sistema de educação, e por consequência uma boa educação moral, senão quando se tiver uma totalidade de educadores que compreendam verdadeiramente o objetivo da sua missão e que tenham as qualidades necessárias para cumpri-la. (...)

Hippolyte Léon Denizard Rivail

PARA REFLEXÃO

QUESTÃO 801

Por que os Espíritos não ensinaram, em todos os tempos, o que ensinam hoje?

Não ensinais às crianças o que ensinais aos adultos, e não dais para um recém-nascido um alimento que ele não possa digerir; cada coisa em seu tempo. Eles ensinaram muitas coisas que os homens não compreenderam ou desnaturaram, mas que podem compreender atualmente. Por seus ensinos, mesmo incompletos, prepararam o terreno para receber a semente que vai frutificar hoje.

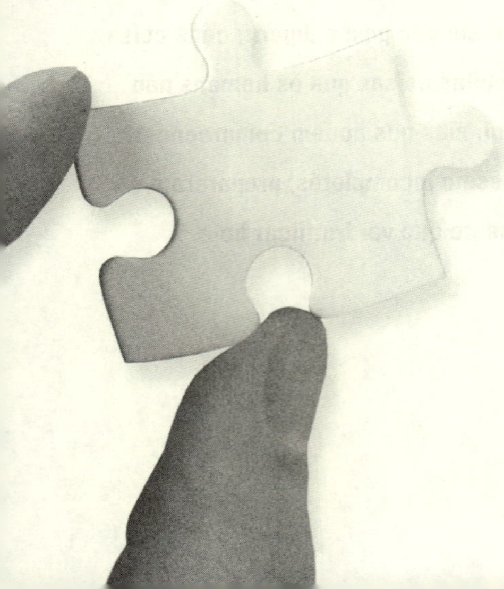

JOVENS MÉDIUNS

A mediunidade/espiritualidade é uma dimensão da alma humana presente desde a criatura das cavernas, quando já enterravam seus mortos com rituais/magias, tudo indicando que já possuíam uma noção da vida após a morte. Ela fortalece o sentido existencial e é uma ferramenta formidável no enfrentamento de situações adversas.

Como fator de proteção do jovem é um tema atual que vem sendo estudado, e muitas pesquisas já destacam sua importância nessa fase da vida.

O exercício do mediúnico/espiritual no moço tem sido reconhecido, na atualidade, como a melhor tomada de decisão na adolescência, pois faculta maior bem-estar, menor envolvimento em atitudes de risco, menos problemas comportamentais. Embora também possamos considerar algumas formas de cultos medianímicos de ordem patológica, visto que enfatizam a fuga da realidade, uso de drogas, ou ainda a associação da religião/mediunidade com a culpa, ansiedade, medo e excessiva dependência.

É muito comum, na adolescência, o afloramento das faculdades espirituais. Antes, porém, que os jovens assumam o compromisso no intercâmbio com os Espíritos desencarnados, é prudente avaliar se têm um bom grau de maturidade, se possuem conhecimentos elementares dos princípios éticos que orientam o comportamento humano e se frequentam com assiduidade grupos de estudos na Casa Espírita.

Hoje, em pleno século vinte e um, encontramos muitos jovens distanciados dos valores éticos/morais e, se formos mais realistas, vamos ver que muitos deles nem sabem o significado desses valores. Estamos vivendo na era da "liberação total". Para muitos adolescentes, não existe mais a noção de qualificação, e sim a de que "na vida impera o vale-tudo".

Todos somos portadores da mediunidade natural, que é o canal sensível pelo qual recebemos as influências energéticas, sadias ou insanas, que nos permitem executar as mais diversas experiências e promover a aprendizagem na existência terrena. Nem todos, porém, somos médiuns ostensivos, conforme nos ensina o Espiritismo.

Os chamados médiuns ostensivos são aqueles que já nascem com essa faculdade psíquica, ou a desenvolveram espontaneamente na meninice ou madureza. Em vista disso – qualquer que seja sua religião –, não podem fugir dos compromissos ou evitar os fenômenos medianínicos.

Sabemos que as criaturas, nos tempos juvenis, lidam com medos, inseguranças, desconfianças, envolvendo relações afetivas e profissionais, dilemas íntimos quanto à autoafirmação ou busca de aceitação, além de inúmeras ocorrências naturais dessa faixa etária.

Nunca é demais afirmar a importância da família na formação de valores éticos e religiosos na vida dos adolescentes. A base familiar é fundamental para auxiliá-los a superar crises íntimas sem grandes atribulações.

Esta nova geração aprende a lidar de modo mais lúcido e inteligente com o tema "mediunidade". Por sinal, diversos jovens, hoje, deixam de ter opiniões estreitas, rígidas e limitadas, inclusive devoções cegas, para analisarem com mais discernimento a vida no além e suas implicações, não só nesse como no plano físico.

Muitos deles estão abrindo os "olhos do coração" para a espiritualidade. São almas que descem dos planos etéreos trazendo novas consciências, sentimentos aprimorados e muita responsabilidade no que se refere às coisas transcendentais.

Esses jovens seres humanos estão trazendo suaves brisas das verdades invioláveis, deixando de lado os sistemas de crenças destituídas de razão e que motivam atitudes de intolerância às ideias novas. Eles reconhecem com nitidez o ser fanático, que se vê investido de uma missão intransferível e que busca salvar o mundo do caos e da perdição eterna, utilizando preceitos e condutas ultrapassadas.

O fanatismo religioso não é fenômeno isolado, é comum a todos os povos e tradições religiosas, ou pelo menos de quase todos.

Mediunidade nada tem a ver com fanatismo, mas médiuns despreparados têm tudo a ver.

O fanático é a antítese do idealista. O idealista pode até morrer pela causa que defende, mas nunca o faz para aumentar o número de adeptos. O fanático, ao contrário, busca até mesmo meios cruéis e violentos para arrebanhá-los.

Cada vez mais nos dias que correm, percebemos a importância de transmitir aos nossos filhos uma forma de entender a vida de modo mais transcendente. Eles, os jovens seres humanos de hoje, se tornarão adultos melhores amanhã e irão determinar no futuro próximo a excelência das religiões e a qualidade dos fenômenos medianímicos.

Os fanáticos temem o mundo, visto por eles com desconfiança e desvirtuamento.

Por que essa aversão ao mundo? Para vencer esse medo generalizado, valem-se da intransigência e do zelo excessivo com tudo que vem dos outros – seja opiniões, atitudes e doutrinas diferentes das suas. A propósito, Paulo de Tarso declarou que os judeus tinham "zelo de Deus", porém sem discernimento. Zelo sem entendimento leva ao fanatismo.[1]

A notoriedade da Doutrina Espírita é que ela é

---

[1] Romanos, 10:1e 2.

racional e, por isso mesmo, só admite aquilo que passe pelo crivo da razão e pelos critérios do bom senso.

Com a mediunidade não podia ser diferente. Quando bem exercida, expande horizontes e, em consequência, as ortodoxias e os fanatismos desaparecem. Portanto, é inconcebível mediunidade aliada a uma forma de pensar rígida e retrógrada.

A mediunidade não pode estar atrelada a um caráter "de bem supremo", vinculada a um grupo seleto de iluminados que estão em uma militância divina e que não se contaminam com as coisas mundanas, até porque a coletividade juvenil atual não pensa dessa forma no que toca à mediunidade.

Os jovens de agora não são exatamente os jovens de ontem, da mesma forma que a escola de outrora não é precisamente a mesma escola do presente; por idênticas razões, a "mediunidade na adolescência" de hoje não pode ser tratada da mesma forma que foi tratada ontem.

Assim, embora utilizando uma expressão muito em voga – "o que era ontem, não é mais hoje; e o que é hoje, não será amanhã" –, sabemos que o conceito de mediunidade é sempre igual em todos os tempos, mas sua habilitação e adestramento precisam no presente ser atrelados a outros níveis de entendimento, pois é preciso levar em conta que, vivendo em época diferente, os adolescentes dos dias atuais também são diferentes.

PALAVRAS DO MESTRE DE LYON

O emprego do tempo que as crianças passam fora dos estudos é, portanto, algo muito importante. Se, por uma combinação inteligente, consegue-se criar ocupações agradáveis e contínuas desde a manhã até a noite nas quais seu corpo e seu espírito se exercitam alternadamente, destroem-se os efeitos das impressões más, que têm, então, um acesso bem mais difícil, e previne-se dos malefícios a que a ociosidade conduz. (...)

Hippolyte Léon Denizard Rivail

PARA
REFLEXÃO

QUESTÃO 695

O casamento, quer dizer, a união permanente de dois seres, é contrário à lei natural?

É um progresso na marcha da Humanidade.

10

O JOVEM E A ESCOLHA DO CÔNJUGE

Quando os pais, de um momento para o outro, não veem mais no filho uma criança e se deparam frente a frente com um adolescente, quase sempre se sentem perplexos e confusos. O crescimento e amadurecimento dos garotos não raras vezes provocam nos genitores um estado conflituoso, pois, a partir disso, eles sabem que provavelmente devem abandonar as expectativas que guardavam para si em relação aos filhos.

É o encontro com a maturidade, em que eles passam a ter seus direitos considerados e a ser aceitos como "um adulto", vendo suas escolhas serem acatadas.

Não são poucos os pais que, ao invés de auxiliarem as crianças com segurança e firmeza para o desenvolvimento destas rumo à madureza, complicam-lhes o processo reencarnatório, ora tratando os filhos pequenos como se já fossem crescidos, ora cuidando dos filhos adultos como se ainda fossem crianças.

Muitos desses indivíduos, quando chegam à idade adulta, continuam possuindo características físicas, psíquicas, e até mesmo morfológicas, próprias da infância; agem e se comportam de maneira fútil e pueril.

Na união entre dois seres existem muitas etapas. Durante a conquista afetiva, os adolescentes passam pela fase do enamoramento, quando estão cativados um pelo outro. O casal se sente plenamente realizado, há uma alimentação energética constante criada pelo vínculo afetivo. A sensação é de completude, quer dizer, não é necessário acrescentar nem tirar nada da relação, pois a mesma é completa.

Durante a escolha do cônjuge, muitos de nós só mostramos o lado positivo da personalidade. As fraquezas, as mazelas emocionais, os medos e dúvidas, enfim o lado negativo, ficam ocultos. Mas sempre chega o momento em que as coisas acabam se revelando "à luz do dia".

Em muitos relacionamentos, também pode ocorrer a etapa do desencantamento. É quando acontece a des-idealização: o objeto de amor, antes engrandecido até a perfeição, agora volta à realidade cruel. É quando descobrimos serem irreais as expectativas que construímos do outro na sucessão dos dias.

Nesse período, muitos casais se descontrolam na tentativa de mudar o outro, insistindo para que ele volte a corresponder à figura imaginada. Nessa crise as pessoas são capazes de qualquer coisa: ameaçam, exasperam-se, oprimem, chantageiam, se penitenciam reciprocamente.

É preciso repensar que, no casamento, ambos os parceiros mudam, crescem e evoluem com o passar dos anos e, na maioria das vezes, em diferentes ritmos; no entanto, não precisam necessariamente tomar rumos diferentes ou direções opostas.

Essa pode ser uma etapa em que se reavalie e redefina a vida a dois; em que os parceiros devam fazer um balanço da sua união. Aqui está a grande chance de o casal se libertar de velhos conceitos, mágoas e frustrações, evitando muitas vezes uma coexistência amarga em um casamento morto.

Em muitas ocasiões, na seleção matrimonial, os jovens filhos se deixam influenciar muito pela "imagem dos pais": da mãe para o rapaz, e do pai para a moça. É durante os primeiros anos de vida que os filhos formam seu "modelo ideal". O pai é a primeira figura masculina na vida da menina, como a mãe é a primeira figura feminina na vida do menino.

Os pais nos influenciam na escolha matrimonial por meio da assimilação e/ou incorporação de sua mentalidade; a partir daí é que nós encontramos, de modo involuntário, um "perfil psicológico" coerente com nossas fixações infantis.

Entretanto, eles também podem intervir na busca amorosa dos adolescentes, por não perceberem que chega o momento do "desleite psicológico"; se recusam a reconhecer a "separação dos caminhos" e, muitas vezes, tentam atraí-los revelando excessivos cuidados, mas impedindo-os de viver a idade casadoura. Fazem cenas de descontentamento e rejeição, opondo-se aos pretendentes à vida a dois dos jovens filhos.

Todos nós temos propensão para reproduzir, em nossos vínculos afetivos e/ou conjugais, padrões de comportamento aprendidos na meninice.

Inconscientemente, na seleção de um parceiro, podemos apresentar certa predisposição em fazer acontecer de novo algumas situações vividas na infância. Não raras vezes, nosso convívio no novo lar ocorrerá de acordo com aspectos experienciados no antigo lar com o pai e/ou a mãe.

Acima de tudo, é na lei de causa e efeito que encontramos os motivos essenciais na escolha do cônjuge. Por sinal, a própria alma, na vida espiritual antes da reencarnação, pode solicitar um parceiro ou parceira de existências pretéritas, seja para reaproximar desafetos, seja para retomar lições deixadas de lado, buscando assim evolução e pacificação da consciência.

Na existência terrena, existem "turnos reencarnatórios" nos quais nos revezamos, ora trajando a vestimenta de pais ou filhos, ora exercendo a função de cônjuges ou amigos, indiscutivelmente crescendo sempre, aprendendo e reaprendendo com as experiências a fim de alcançar a conquista dos Valores Eternos.

PALAVRAS DO MESTRE DE LYON

Quantos jovens vemos arrastando-se penosamente durante anos pelos bancos escolares e que, semelhantes aos bois que vão para a frente apenas quando o aguilhão os pressiona, só avançam à custa de punições, ou pela isca que se coloca diante deles para os atrair! (...)

Hippolyte Léon Denizard Rivail

PARA
REFLEXÃO

QUESTÃO 55

Todos os globos que circulam no espaço são habitados?

Sim, e o homem da Terra está longe de ser, como crê, o primeiro em inteligência, em bondade e em perfeição. Todavia, há homens que se creem muito fortes, que imaginam que somente seu pequeno globo tem o privilégio de abrigar seres racionais. Orgulho e vaidade! Julgam que Deus criou o Universo só para eles.

11

A EPIDEMIA DA VAIDADE

O mundo nas últimas décadas passou por revoluções surpreendentes em diversas áreas do comportamento humano; uma delas foi a exaltação constante da temática da autoestima e da ideologia do individualismo, que contribuiu largamente para a apoteose da afetação e da arrogância humana.

Neste mundo ultracompetitivo em que vivemos, o semelhante só tem importância se tornar possível o sucesso do "eu". Para o vaidoso, a busca da riqueza não tem nenhum objetivo se não instigar a admiração e a inveja alheias.

A ascensão do pedantismo e do envaidecimento tomou enorme vulto porque novas estruturas sociais se impuseram, desqualificando a moral cristã, que considera a soberba um desvio dos padrões normais de comportamento.

As pessoas desfilam com requinte em

festas de frivolidades, onde todos falam sem dizer nada, se queixam de não ser compreendidos ou ouvidos; é a ruptura da comunidade e da comunicação. É o fenômeno da "solidão em massa", o culto desenfreado ao amor-próprio.

Não negamos, nem o Espiritismo nega, ao jovem a oportunidade de estar devidamente bem trajado ou vestido. É tão bom ver adolescentes alegres usando vestes ou acessórios da moda! Não vetamos ao jovem o riso espontâneo, nem o gosto pelas novidades e músicas atuais.

Não há problema algum em querer ficar mais bonito, mas nada de excessos. Cuidar da aparência faz bem, mas não se pode perder o controle.

O indivíduo tem que administrar sua vaidade.

Os bons tratos surtem resultados no mercado de trabalho. Quando um jovem desleixado é colocado em concorrência direta com outro que tenha as mesmas aptidões, mas que se cuida, perde espaço.

A vaidade que decorre normalmente da ordem

natural das coisas ajuda na qualidade de vida. E, se o adolescente se sente bem consigo mesmo, apresenta-se bem melhor com tudo e com todos. Não ter nenhuma vaidade é sinal de que algo não vai bem. Quanto mais insana a criatura, mais desmazelada e negligente.

Graças aos avanços da humanidade e a uma maior permissividade em relação àquilo que é masculino ou feminino, é compreensível que o ser humano se torne cada vez mais bem-arrumado e não se envergonhe de sua vaidade. Aliás, a história dos costumes nos mostra que ele sempre se esmerou em sua apresentação diante dos outros.

O que a mocidade deve repensar é que, a cada segundo e através de todos os meios de comunicação possíveis, a apresentação de corpos esculturais, as biografias irretocáveis, as mansões, os apartamentos perfeitos dos famosos podem nos levar a uma insatisfação total. A busca desenfreada do personalismo traz um fenômeno ainda mais estranho que beira o patológico: a "epidemia da vaidade".

O adolescente precisa avaliar sua conduta se:

- fantasiar ou objetivar enorme êxito na vida, grande poder, brilhantismo e superbeleza;

- gargalhar e falar alto em lugares públicos;

- querer ter o reconhecimento do círculo de amigos, por se considerar o melhor ou superior, sem que tenha feito algo para tanto;

- crer que é "especial" e que só pode conviver com pessoas também especiais ou de status elevado;

- precisar constantemente de roupas e acessórios para causar admiração excessiva ou querer estar no centro das atenções;

- acreditar ser invejado pelos outros, mas não admitir que seja ele quem tem inveja dos demais;

- demonstrar habitualmente comportamento afetado, exagerado, exuberante e por meio de uma representação que varia de acordo com as expectativas da plateia social;

- pensar que possui mordomias ou direitos e, por isso, exigir regalias e privilégios exclusivos no ambiente doméstico;

- ser incapaz de manter relacionamentos empáticos, nas necessidades ou conquistas, sem disposição para reconhecer os sentimentos alheios.

(...) Todavia, há homens que se creem muito fortes
(...) Julgam que Deus criou o Universo só para eles.

Tudo o que vem da matéria é instável: tudo passa e se esvai. São as vozes da matéria que nos diminuem e reduzem nossas percepções espirituais.

Então passamos a viver somente dando ouvidos ao ruído das águas do personalismo, do fluxo e refluxo do mar da presunção e da agitação dos vendavais da arrogância.

É a vaidade e o orgulho, que nos prendem de modo exagerado às formas materiais, despertando em nós sem cessar mil necessidades, que nos pedem atendimento constante, mas que, na verdade, jamais serão saciadas enquanto alimentarmos esse tirano interno.

O Espiritismo nos liberta o pensamento das formas rígidas, nos dá um sentido mais claro e preciso das coisas, oferecendo uma interpretação das leis universais baseada na razão e no ensinamento dos Espíritos superiores.

PALAVRAS DO MESTRE DE LYON

Aqueles que se destinam à advocacia não podem ser advogados sem terem estudado as leis; não se confiaria a saúde a um indivíduo que dissesse ser médico sem haver estudado medicina; por que se confia tão imprudentemente os filhos a homens que não sabem o que é a educação? (...)

Hippolyte Léon Denizard Rivail

PARA
REFLEXÃO

QUESTÃO 817

O homem e a mulher são iguais diante de Deus, e têm os mesmos direitos?

Deus não deu a ambos a inteligência do bem e do mal e a faculdadede de progredir?

DUPLA MORAL SEXUAL?

O mundo aceita na atualidade, com maior tolerância, a igualdade dos direitos morais de homens e mulheres. São milhões de criaturas reencarnadas no orbe terrestre solicitando atenção e respeito, de igual para igual, pois, acima de tudo, somos todos, nas paragens terrenas, Espíritos em evolução em busca da plenitude.

A dupla moral sexual (duas regras ou modelos diferentes: um para o sexo masculino e outro para o feminino) – hábito machista adquirido pela tradição popular através dos tempos, afiançado até os dias de hoje por muitas doutrinas religiosas – tem-se enfraquecido na atualidade cada vez mais, ante os esforços de indivíduos ousados e inovadores e de grupos éticos que visam a conquistas sociais em que todos possam usufruí-las com igualdade.

Ainda hoje, a mulher é vista como

objeto masculino, manuseado a seu bel-prazer. Muitos não levam em consideração que ela é indivíduo atuante e participativo em qualquer empreendimento da sociedade, com direitos e vontades próprias.

A dupla moral sexual procede de raízes tribais, religiosas, culturais, e faz parte da identidade de determinados povos; o machismo – senso exagerado de orgulho masculino – tem origem nas crenças milenares que antecedem há muito as coletividades contemporâneas. Visava preservar os clãs, as castas, os membros pertencentes à mesma raça, enfim a hierarquia e supremacia dos homens.

O preconceito sexista leva a estereotipar pessoas, minorias e povos, cristalizando velhas crenças e reafirmando clichês mentais que vêm de longa data. Terríveis tabus têm sido plantados há séculos na mentalidade das criaturas.

A dinâmica do progresso humano gradativamente fará desaparecer essas desigualdades. Por falar nisso, no cálculo dos direitos do homem e da mulher, haverá uma harmonização, pelo mesmo peso, na balança do adiantamento constante da vida. Nesse contexto sobre desigualdade dos direitos humanos, bem cabe o termo "um peso, duas medidas", frase atribuída a Sócrates, um dos maiores filósofos gregos.

O Espiritismo, ao explicar a anterioridade da alma ao corpo, a sua sobrevivência à morte física, dispõe de um celeiro fundamental de informações para uma convicção firme, porquanto fundamentada em argumentos racionais, que enfrentam o materialismo nos seus pilares, usando razões lógicas e fé raciocinada.

O conhecimento da reencarnação exerce a mais alta importância no departamento dos direitos humanos, visto que traz novas reflexões e entendimento a respeito do masculino e do feminino, apresentando igualmente a chave do discernimento, para compreendermos claramente os disparates das ideias antiéticas que pululam na vida social, fazendo com que renovemos conceitos em bases fraternais de abrangência na vida imortal.

Ao legitimar que a vida terrestre é única, aí sim estaremos dando cada vez mais força ao convencionalismo machista multissecular e aos preceitos injustos estabelecidos pelas tradições e valores socioculturais, nos esquecendo que homens e mulheres estão no mesmo nível diante de Deus.

Têm as mesmas determinações, fraquezas, ilusões, medos e anseios, devendo, portanto, viver em pé de igualdade em todas as esferas da vida social, econômica, religiosa e institucional. Em todos os setores da vida afetiva, novos fatos vão surgindo para esclarecer, modificar e corrigir erros crassos que vêm sendo cometidos há muitos séculos.

Não há como justificar a supremacia de um dos gêneros humanos, pois se não validarmos as experiências multimilenares da alma imortal, alicerçadas na pluralidade das existências, estaremos nos condenando à pena de reclusão e vivendo num mundo de desigualdades da moral sexual, num cárcere invisível, pena essa fundamentada na lei que determina que a nossa liberdade tem o tamanho da liberdade que damos a outrem.

A transformação dos papéis do masculino e do feminino em nossa atual civilização está se desenvolvendo progressivamente, sendo visível que as mulheres exigem mais direitos, mais respeito, mais liberdade e mais informações do que vinham recebendo, aliás, com toda a razão.

Mas, em verdade, enquanto essa modificação não se fizer presente na educação familiar e escolar desde a infância, por meio de atitudes dos adultos em relação aos meninos e meninas, longo e intricado será o caminho da luta pela igualdade moral dos direitos de ambos os sexos.

PALAVRAS DO MESTRE DE LYON

Em certos casos é melhor não punir; uma simples observação amigável, uma repreensão feita com doçura ou com energia, segundo a situação, ou mesmo um olhar, fazem mais efeito que uma punição. Isto depende do caráter da criança, da sua idade, das circunstâncias que podem tornar o meio que se emprega mais ou menos enérgico, e de mil outras causas impossíveis de se definir, mas que, por sua prudência, o educador experimentado deve analisar, calcular e prever. (...)

Hippolyte Léon Denizard Rivail

PARA
REFLEXÃO

QUESTÃO 202

Quando se é Espírito, prefere-se estar encarnado no corpo de um homem ou de uma mulher?

Isso pouco importa ao Espírito; é segundo as provas que deve suportar.

O DESPERTAR DO SEXO

Podemos afirmar sem hesitação a grande importância da fase juvenil, quando o ser aproveita a primavera da mocidade, o vigor das forças físicas, na grande viagem terrena.

A alma humana é milenar, caminhante de tempos muito remotos, recebe em cada volta ao mundo físico inúmeras oportunidades de progresso e amadurecimento espiritual.

No período de vida compreendido entre a infância e a idade adulta, a criatura reencarnada encontra-se na adolescência, fase em que é necessário considerar as características, tendências, objetivos, anseios de cada jovem que se distinguem, nitidamente, dos outros; bem como as estruturas psicológicas de cada personalidade.

Um fato claramente observável num agrupamento juvenil é a homogeneidade das ideias e ideais, mas imprescindível notar igualmente que cada elemento desse mesmo grupo é distinto ou desigual. Por isso, acreditamos que o jovem deverá meditar particularmente a respeito da função que lhe cabe na existência terrena, da sua visão de mundo, questionando intimamente sobre as razões de sua volta a novas experiências na vida corporal.

Existe atualmente, entre adolescentes e adultos, uma separação ideológica, sobretudo em matéria de sexo. Os pais, ao orientarem os filhos sobre práticas sexuais, ainda se valem mais da ameaça e da intimidação como controle do impulso sexual e como repressão da afetividade, utilizando pouco os novos conhecimentos científicos e técnicos dos lidadores da psicologia moderna, que hoje realizam intensas e instigantes pesquisas acerca dos meandros da alma humana, em benefício da saúde íntima da humanidade.

Fatores proibitivos e punitivos são lançados sobre os filhos, como o temor às doenças sexualmente transmissíveis, a gravidez precoce, gerando, como consequência, o medo de desmoralização e/ou rejeição pelo mundo social.

O receio que os adultos sentem quando a menina sai sozinha ou com grupo de amigos é encarado pelos jovens como atitude retrógrada e sem sentido. Diante dos jovens, os adultos ficam atemorizados e, se tentam orientá-los, deixando transparecer ansiedade e preocupação, essa atitude não representa medida correta de prevenção ou prudência. Seja qual for o problema, agir assim é somente um sinal de insegurança e despreparo em face do processo educativo dos filhos.

Se devemos acompanhar a marcha da civilização na esfera científica e/ou tecnológica ou nos outros tantos ramos das atividades sociais, precisamos também tentar evoluir em nossa maneira de lidar com as dificuldade sexuais dos jovens, não utilizando só nossa maneira de pensar, mas também validando o ponto de vista deles.

Apesar de toda a intensidade e contínua comunicação através da mídia e o impacto causado pelos assuntos sexuais, o adolescente não possui ainda noções precisas a respeito do conjunto de caracteres especiais, externos ou internos, determinados pelo sexo.

Sua mentalidade está abarrotada de informações

vagas e falhas colhidas ocasionalmente nas conversas com amigos ou retiradas de algum periódico ou jornal não especializado, o que é totalmente contraproducente e inadequado para uma orientação sexual sadia. Aliás, os adolescentes validam muito mais atitudes e sentimentos do que teorias e compêndios específicos da área.

O jovem despreparado de hoje é o adulto inconsciente de amanhã e o pai que não desfrutará a felicidade doméstica.

Refletindo sobre o desenvolvimento da temática sexual do adolescente, em seus novos aspectos, elementos se destacam como essenciais na atualidade de nossa sociedade em transição.

É preciso perceber como os padrões e normas concernentes à sexualidade foram mudando ao longo da história, fazendo pontes com todos os acontecimentos sociais, econômicos e políticos de cada época. É fundamental ainda incluir simultaneamente a história da sexualidade, desde a Antiguidade e em todo o mundo ocidental, e contextualizar, a partir daí, os nossos

padrões morais, sexuais, enfim culturais de hoje.

Não queremos dizer com isso que:

* os valores morais não apresentem validade universal, variando ao sabor de circunstâncias históricas, políticas e culturais, nem que vivamos num estilo de atividade sexual irresponsável que não nos permita construir conceitos educacionais maduros, moderados e prudentes.

* não propomos aqui "lições de sexo", divulgando o amor livre e defendendo que homens e mulheres tenham direito ao prazer sexual indis-criminadamente, nem sugerindo – o que na era vitoriana era profundamente radical – outros comportamentos que alguns atribuem à instituição do casamento, como a possessividade emocional e a dependência psicológica.

Mas, sim, que os adultos que educam os jovens, nos dias atuais, não devem falar sobre sexualidade de maneira fragmentada, dividida, estagnada. É necessário se levar em conta que, historicamente, as relações sexuais foram construídas a partir das relações sociais organizadas em determinadas estruturas, modelos, valores e interesses de épocas remotas e diferentes.

Há hoje em dia, indiscutivelmente, maior liberdade entre os sexos. Teremos de aceitar esse fato consumado e incluí-lo em todas as considerações a serem feitas em torno do desenvolvimento sexual do adolescente. A propósito, dizemos "não" ao impulso sem controle, e "sim" à responsabilidade.

As condições culturais em transição puderam prover a sexualidade de uma nova acepção da vida a dois, o que se ignorou nos últimos 50 anos, com implicações sociais em que se atenuaram tabus e se inibiram muitos preconceitos. Não é mais possível abordar hoje temas sexuais aos adolescentes, sem levar em conta essas considerações e sem tomar consciência dessas mudanças.

Vale recordar que a Doutrina Espírita – definida não apenas como a religião do amor e da verdade, mas também da justiça e da responsabilidade – vem esclarecer-nos que responderemos pela desarmonia e desatino que houvermos causado em nós e nos outros, pois as leis divinas funcionam conforme o grau de conhecimento de cada consciência.

PALAVRAS DO MESTRE DE LYON

A criança requer ser ocupada, essa ocupação
lhe é necessária; é preciso que seu espírito
e mais frequentemente o seu corpo estejam
em atividade. Essa atividade é uma necessidade, querer reprimi-la é violentar a natureza.
Se soubéssemos fornecer sempre elementos
para uma ocupação contínua, evitaríamos
para as crianças a maior parte das faltas que
cometem, neutralizando as impressões perigosas, e, muitas vezes, destruindo aquelas que
tivessem sido recebidas em seus primeiros
anos. (...)

Hippolyte Léon Denizard Rivail

PARA
REFLEXÃO

QUESTÃO 908

Como definir o limite em que as paixões deixam de ser boas ou más?

As paixões são como um cavalo que é útil quando está dominado, e que é perigoso, quando ele é que domina. Reconhecei, pois, que uma paixão se torna perniciosa do momento em que não podeis governá-la, e que ela tem por resultado um prejuízo qualquer para vós ou para outrem.

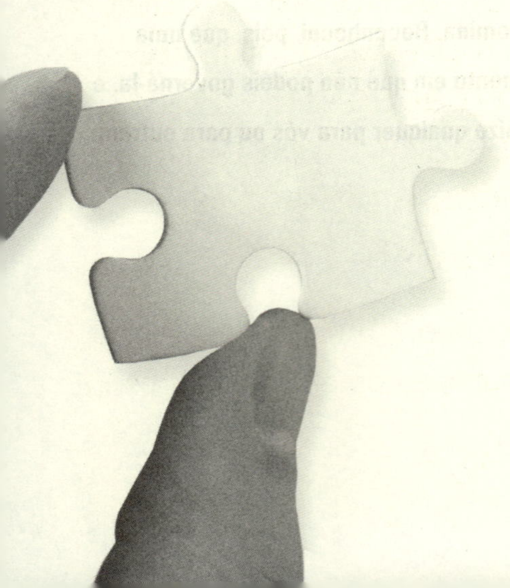

14
DISTÚRBIOS ALIMENTARES

Falar de certos distúrbios alimentares sugere discorrer sobre uma espiral de sentimentos desconexos em relação à imagem de si mesmo. Igualmente levantar questões a respeito de fatores hereditários e experiências familiares e da maneira como estes influenciam o sentimento e as emoções das pessoas.

Alguns transtornos alimentares, ao contrário do que se pensa, não são apenas consequência da vaidade; são desvios do comportamento que podem levar a um grau extremo de emagrecimento (caquexia), ou à obesidade (mórbida), entre outros problemas físicos e privações psicológicas.

A insatisfação corporal não é a única causa desses transtornos; tanto a bulimia como a anorexia são distúrbios comuns em adolescentes e, em muitas ocasiões, têm origem em variações da emotividade agregadas à ansiedade.

Hoje em dia já se percebe o que poderia ser denominado de comportamento de risco, que leva a desenvolver esses tipos de distúrbios. Comumente, jovens bulímicos ou anoréticos, muito antes de a doença aparecer, já manifestavam certa alteração emocional, com críticas constantes a certas partes do corpo, descontentamento com o peso, enfim medo patológico de ser ou se tornar disforme, e com diminuição gradativa de suas atividades sociais e esportivas.

Em outras circunstâncias, o jovem que desenvolve um transtorno alimentar muitas vezes está vivendo um conflito pessoal. Uma desordem afetiva/sexual, o divórcio dos pais, o desencarne de um ente querido, uma adversidade na escola, ou um infortúnio no vestibular, por exemplo, podem desencadear esses transtornos.

Quantos adolescentes se transformam em abismos envenenados de insatisfação e amargura porque certos desgostos lhes invadiram o círculo pessoal ou doméstico?

Não são poucos os que buscam a porta da decepção, do ateísmo, da desconfiança ou da rebeldia, alterando significativamente a conduta alimentar, para compensar o conflito interno, se vendo (ou se sentindo) distantes da realidade que gostariam de estar vivendo. As doenças do comportamento alimentar podem também representar uma maneira de lidar com emoções difíceis.

Os detentores desses transtornos igualmente desenvolvem uma obsessão pela forma física e distorcem a autoimagem a tal ponto que se sentem corpulentos mesmo possuindo constituição bem frágil.

A consequência é o gradual esgotamento físico e mental, que começa com sinais leves, como queda dos cabelos, até maiores desordens orgânicas – renais, cardiovasculares e endócrinas – e outras tantas que podem levar à morte física.

É na adolescência, quando a personalidade ainda não está plenamente desenvolvida, que esse tipo de insanidade se transforma num pesadelo, exacerbado pelos padrões de perfeição e beleza a que os meios de comunicação dão especial destaque ou ênfase. Os jovens se sentem na obrigação de possuírem corpos primorosos, mesmo que para isso prejudiquem ou ponham em risco seu bem-estar e sua saúde física e psíquica.

A causa destas moléstias resulta de uma complexa integração entre os fatores psicológicos, biológicos, familiares e espirituais.

Fatores psicológicos – As doenças da conduta alimentar podem também representar um modo de distrair-nos dos conflitos interiores. O espaço de tempo utilizado para pensar nos alimentos nos monopoliza ou rapta a atenção, desviando-nos da solução da dificuldade. Essas enfermidades podem funcionar como um escudo psíquico contra as pressões internas. É preciso reajuste íntimo tanto quanto equilíbrio vibratório, se não quisermos ficar presos nas enfermidades degenerativas.

Fatores biológicos – Certos estudos contemporâneos revelam que há uma propensão genética para adquirir esses tipos de doenças, ou seja, há algum familiar direto com os mesmos "genes estruturais" que levam ao distúrbio. As enfermidades congênitas nada mais são do que reflexos da posição infeliz do passado, pedindo reeducação na esfera física, para reajustamento a desarmonia interior.

Fatores familiares – Os fatores de risco familiares podem estar relacionados com ambientes domésticos atribulados, falta de coesão no lar, expectativas excessivas de parentes, adultos que comparam o sucesso e a felicidade à estética corporal, despertando nos jovens uma monoideia que gera um medo irracional de não poder conservar a beleza física.

Fatores espirituais – Tudo se interconecta, o psicológico, biológico e familiar e, igualmente, o espiritual. Tudo é multidimensional, o coletivo interfere no indivíduo e o psíquico no social. No entanto, precisamos ter cuidado para não sairmos sentenciando afirmações sobre as doenças ao nosso bel-prazer ou achismo. Existem questões relativas a enfermidades no mundo físico muito bem explicadas, mas nem sempre corretamente tratadas. Não é bom rotularmos que os distúrbios alimentares pertencem somente ao âmbito espiritual, nem mesmo que estão ligados apenas a causas físicas. Preconceito não é espiritualidade, e simplismo menos ainda.

PALAVRAS DO MESTRE DE LYON

A origem dos hábitos morais encontra-se, como o dissemos, nas impressões durante muito tempo experimentadas ou percebidas na infância. Pode-se imaginar, em consequência disso, o quanto é importante evitar cuidadosamente tudo o que possa fazer a criança experimentar impressões perigosas (...)

Hippolyte Léon Denizard Rivail

PARA REFLEXÃO

QUESTÃO 914

O egoísmo, estando fundado sobre o sentimento de interesse pessoal, parece bem difícil de ser inteiramente extirpado do coração do homem: a isso se chegará?

À medida que os homens se esclarecem sobre as coisas espirituais, ligam menos valor às coisas materiais. Aliás, é preciso reformar as instituições humanas que o entretêm e o excitam. Isso depende da educação.

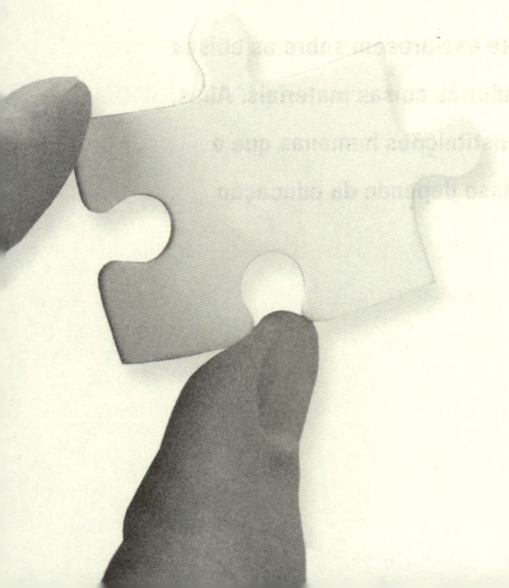

15
O JOVEM E O AUTOAMOR EM EXCESSO

A grande maioria dos jovens constrói relacionamentos sem dificuldade com todos aqueles que demonstrem por eles lealdade e um interesse franco, isento de dissimulação. Adolescentes são perceptivos, e logo notam em quem se pode ou não confiar.

Com a mesma facilidade e rapidez que faz, o jovem desfaz, sem prévio aviso, essas suas relações, pois ele é supersensível.

A adolescência é um período de grande vulnerabilidade que faz abalar a autoestima e a autoimagem. A afronta, o humor inapropriado, a piada que constrange, melindra intensamente o adolescente, mesmo quando não se tinha a intenção de magoar.

Nenhuma criatura pede tanta atenção para si mesmo como os jovens seres humanos. A adolescência terrena é ainda uma fase que percorrem almas de diferentes ordens ou graus, na busca de seu aperfeiçoamento espiritual.

Espíritos encarnados em ascensão, muitos revelam certo tipo de carência; dão a entender que lhes "falta algo" que se desconhece, e, por consequência, fazem um jogo de ressentimentos egoísticos. Em virtude disso, devemos ser perceptivos, ter boa vontade e disposição para ouvir o que eles têm a dizer, tentar entendê-los e estimulá-los com respeito e consideração.

O autoamor em excesso que os adolescentes manifestam por si mesmos é uma das peculiaridades mais acentuadas dessa faixa etária terrena, em razão da imaturidade espiritual do homem sobre o planeta.

Atualmente, no mundo jovem, vemos uma busca generalizada a um alto padrão de beleza, a compra exagerada de cosméticos, obsessão pela aparência, além das complexas cirurgias plásticas que visam consertar supostos defeitos físicos.

Vivemos um perigoso surto de "culto ao corpo". Nessa prática há sempre um apelo íntimo relacionado com as angústias humanas, razão pela qual muitos associam o modelo cultural de "corpo perfeito" ao alívio de seus sofrimentos e incertezas existenciais.

Esse perfil da perfeição veiculado pela vida moderna é inatingível, pois o objeto do desejo nunca é alcançado em sua totalidade. A plenitude jamais é obtida na medida em que esses objetos são provisórios, sempre sujeitos a renovações e substituições. É a busca de um desejo inconsciente por algo inacessível.

Adolescentes não precisam de conselhos intermináveis, precisam de alguém que aceite escutar suas angústias. O adulto nem sempre precisa saber o que responder aos jovens; acima de tudo, precisa saber ouvi-los demoradamente.

Nas discussões domésticas, ninguém nos trata como eles, com tanto descaso ou frieza, quando repreendidos ou censurados. Demonstram hipersensibilidade e se sentem feridos com muita facilidade. As coisas que os atingem tomam uma gravidade imensa, mesmo quando, na realidade, a importância é mínima, ou nenhuma.

O jovem conduzido pelo autoamor em excesso espera que todos lhe proporcionem destaque, seja familiares, seja estranhos. Apenas lhe interessa ser o número um, não importando interagir, mas apenas chamar a atenção para si mesmo.

Quando ele percebe que a atitude que causa maior impacto sobre a situação de seu desagrado é ficar calado, recolhido, isolado no quarto ou com ares de "não quero que ninguém me aborreça" adota-a de imediato com vistas a alcançar seu objetivo.

O mundo dos adolescentes é repleto de fantasias onipotentes, de idealizações onde se busca obter "poder total" do homem diante das forças da natureza, onde "o posso e consigo tudo porque sou forte e jovem" chega a ser quase um emblema que resume um ideal.

O Espiritismo possui subsídios imensos para que possamos sair desse círculo vicioso, onde vivem os indivíduos ao som de cantigas de ninar, sonolentos e hipnotizados pela "fantasia/decepção" ou "vaidade/desengano", procurando ludibriar-se depois do nascimento, para decepcionar-se após a morte física, entrando e saindo, quase que inconscientemente, da jornada evolutiva que lhes compete desenvolver.

PALAVRAS DO MESTRE DE LYON

Portanto, que se examine o interior das famílias e que se calcule a quantidade imensa de impressões deploráveis que as crianças estão frequentemente sujeitas a receber desde o nascimento, seja por fraqueza materna, seja pelos maus exemplos e maus conselhos de empregados domésticos, seja por uma infinidade de outras circunstâncias; que se examine, a seguir, a organização da maioria das casas de educação e o número infinito de impressões perniciosas que resultam dessa própria organização, ou da imperícia, da ignorância, da brutalidade das pessoas que se empregam para cooperar na educação. (...)

Hippolyte Léon Denizard Rivail

PARA REFLEXÃO

QUESTÃO 939

Uma vez que os Espíritos simpáticos são levados a se unir, como se dá que, entre os Espíritos encarnados, a afeição, frequentemente, não esteja senão de um lado, e que o amor mais sincero seja recebido com indiferença e mesmo repulsa. Como, de outra parte, a afeição mais viva de dois seres pode mudar em antipatia e, algumas vezes, em ódio?

– Não compreendeis, pois, que é uma punição, mas que não é senão passageira. Aliás, quantos não há que creem amar perdidamente, porque não julgam senão sobre as aparências, e quando são obrigados a viver com as pessoas, não tardam a reconhecer que isso não é senão uma admiração material. Não basta estar enamorado de uma pessoa que vos agrada, e a quem creiais de belas qualidades; é vivendo realmente com ela que a podereis apreciar.(...) Isso depende da educação.

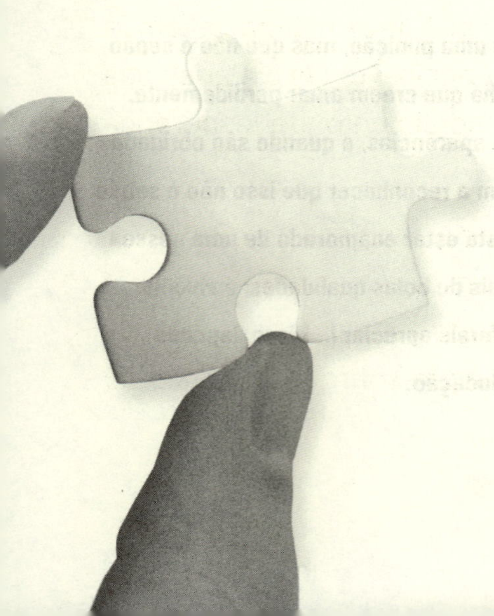

QUANDO A GRAVIDEZ CHEGA CEDO DEMAIS

É interessante pensar que uma gravidez na adolescência, por mais linda que possa parecer aos olhos dos mais românticos, muda por completo o roteiro de vida da jovem mulher.

Interrompe a fase juvenil, processo de desenvolvimento próprio da idade, fazendo com que se assumam, antes da hora, responsabilidades e papéis da vida adulta. A insegurança é dupla: nem adolescente plena, nem adulta inteiramente formada.

Muitas são as causas que levam uma jovem à gravidez prematura, mas a principal delas é a ausência de "sentido de vida" ou "sentimento de esperança futura".

Esse assunto requer uma visão mais aprofundada, pois comumente o enfoque tradicional relaciona a gravidez como algo indesejado e resultante da falta de conhecimento ou de informação sobre a sexualidade/

maternidade. Além do mais, não podemos dizer que toda gravidez é indesejada; indesejadas são aquelas que acontecem por abuso sexual ou por falha na prevenção ou no planejamento da gravidez.

Se caminharmos apenas por essa vertente, será quase impossível compreendermos as razões que levam as adolescentes à gestação prematura. O "pensar rasteiro" comumente nada vislumbra quando extrapola sua pequenina reflexão.

Por falta de avaliação crítica, insensibilidade, indiferença, descaso ou até mesmo afobação do dia a dia, temos uma "visão rasa" sobre as coisas. A maior artimanha da vida trivial é levar o indivíduo a não pensar, isolar-se na inconsciência, não reconhecer a profundeza das coisas.

Entretanto, somos de parecer que a desinformação como causa da maternidade precoce é somente a ponta do *iceberg*, pois, para muitas jovens, a gravidez é desejada de fato e por diversos motivos, entre os quais podemos mencionar: meio de conseguir o amor do parceiro, desejo de proteger alguém e ser protegida, necessidade afetiva, forma de libertar-se do julgo familiar, dificuldades nas relações parentais, anseio de constituir uma família e de ser mãe.

O ser humano, via de regra, experimenta instintivo pavor à solidão e, em consequência disso, busca na comunhão sexual segurança e amparo, além de garantias necessárias para se sentir protegido.

Muitas vezes uma jovem desinformada quer realmente engravidar, pois pensa que, em se tornando mãe, obterá autonomia e respeito dos adultos. Essa visão se fundamenta na ideia de que a sociedade tende a dar maior valor à figura materna e a ter muito apreço pelas gestantes.

Mesmo que exista certa veracidade nessa crença, a situação poderá piorar porquanto a adolescente, além de cuidar do bebê, terá que interromper diversas atividades concernentes à sua idade, e a maternidade, ao invés de recompensá-la como aguardado, apenas lhe trará mais dificuldades existenciais.

Hoje, os meninos e meninas entram na adolescência cada vez mais cedo. O início da ejaculação e da menstruação indica que eles estão começando a sua vida fértil, isto é, que chegaram àquela fase da vida em que são capazes de procriar.

Nunca foram tão divulgados os meios para evitar a gravidez como nos dias atuais, e, mesmo assim, o número de pais jovens, ainda imaturos, é cada vez maior. Não podemos viver sem paixões, mas podemos administrá-las.

O fenômeno não se restringe unicamente a um país, mas ocorre no mundo todo, e tampouco é novo; muitas de nossas avós, bisavós e tataravós conviveram com ele, pois também já foram jovens mães.

Provavelmente, casavam com treze ou quatorze anos de idade, e logo engravidavam. Permaneciam exclusivamente nos ambientes domésticos, frequentavam pouco a escola, tinham informações e noções insuficientes para planejar a maternidade. Não havia métodos confiáveis para evitar a fecundação e, via de regra, isso nem era cogitado. Desencarnavam cedo demais devido aos partos e a outras complicações.

Hoje em dia, tudo mudou. Embora quase todos conheçam algum método contraceptivo, alterações nos padrões de conduta sexual estão contribuindo para o avanço dos casos de gravidez na mocidade –

e este assunto não é tão simples de ser enfrentado.

Dar exclusivamente informações técnicas e conselhos moralistas aos jovens não basta. É necessário que sejam acolhidos e orientados principalmente no lar, que possam fazer perguntas, opinar e conversar com os familiares como amigos.

Os pais precisam ouvi-los sem eleger a sua moral como valor universal; sem esquecer de outros e importantes valores existentes na juventude; sem impor autoridade ditatorial; e sem jamais invadir a vida pessoal de seus filhos. Para tanto, é importante que falem e sejam ouvidos de forma natural e espontânea.

Esse canal de comunicação precisa ser instituído e cultivado desde cedo, tanto com as meninas (já na primeira menstruação) quanto com os meninos. Diálogo franco e sincero entre os pais e os filhos pode ajudar em muito a diminuir os casos de gravidez entre adolescentes, deixando que se sintam mais aptos para assumir os contentamentos e responsabilidades próprias da vida sexual.

A Doutrina Espírita nos dá o "sentido

de vida" ou o "sentimento de esperança futura". Como nos referimos no início, a ausência desses princípios é que é a causa fundamental que leva uma jovem à gravidez prematura.

O Espiritismo nos dá significado à existência, motivação para viver com ânimo e celebração. Explica-nos o objetivo do nascimento e da morte e a transcendência da morte física.

A grande maioria das criaturas humanas ainda não consegue perceber, de pronto, a rede intrínseca do destino que, por meio da lei de ação e reação, determina o renascimento de nossos filhos no plano terrestre. Exclusivamente no futuro e no mundo espiritual, nos será possível entender completamente os vínculos de libertação e renúncia, melhoria e aprimoramento que nos unem na formação da família.

PALAVRAS DO MESTRE DE LYON

Um sorriso quando era preciso ser sério, indulgência demasiada quando era preciso ser firme; a severidade quando era preciso a doçura; uma palavra impensada, um nada, enfim, às vezes são suficientes para produzir uma impressão que não se pode apagar, e para fazer germinar um vício. Que acontecerá, então, quando essas impressões forem experimentadas desde o berço, e, muitas vezes, durante toda a juventude? (...)

Hippolyte Léon Denizard Rivail

PARA
REFLEXÃO

QUESTÃO 920

O homem pode gozar, sobre a Terra, de uma felicidade completa?

Não, uma vez que a vida lhe foi dada como prova ou expiação; mas depende dele amenizar seus males e ser tão feliz quanto se pode ser sobre a Terra.

17

COMPROMISSO AFETIVO E FELICIDADE

A criatura humana, não obstante os milênios que assinalam sua evolução, se esforça para se adaptar à natureza e tenta sobreviver às condições climáticas, às catástrofes, aos animais selvagens, às pestes arrasadoras e a toda gama de ameaças que o mundo apresenta. No entanto, até hoje continua padecendo daquilo que nunca imaginaria lhe causar dano ou perigo: ele próprio e seu semelhante.

Ao longo dos anos, a observação sistemática do comportamento dos seres humanos tem demonstrado que ele pouco conhece a respeito de si mesmo. As pessoas acreditam que, pelo fato de terem acesso livre ao seu mundo mental, também possuiriam um grande conhecimento dos porquês da própria conduta.

Os estudiosos da mente e do comportamento apontam o quanto os impulsos e a motivação permanecem obscuros aos indivíduos e sugerem que devemos nos tornar conscientes dessas mesmas motivações e impulsos, pois isso será um passo importante para o estabelecimento de uma vida sã.

Interessante quanto surpreendente, quando se pergunta às pessoas por que elas estão se casando, a resposta raramente é: *porque nós nos amamos*. Na maioria das vezes, as razões são outras: *é difícil ficar sozinho*; *porque todo mundo se casa*; *para não ficar desamparado na velhice*; *porque todos de minha idade já se casaram*; *porque faz tanto tempo que namoramos*, e outras coisas mais.

Uma pessoa pode sentir se ama ou não ama, se quer casar ou não, se está ou não feliz. Se não estivermos certos dos nossos sentimentos, ou se ainda não quisermos nos consorciar, não o façamos para agradar ao parceiro, aos amigos, à família, enfim à sociedade... Visto que, com toda essa pressão alheia, dificilmente teremos uma vida ditosa.

Tempos modernos ou não, a justificativa ou os pré-requisitos para um casamento feliz mudou muito. Houve épocas em que a promessa de amor eterno era a única causa que alimentava as esperanças do êxito matrimonial; hoje se fala sobre a química dos parceiros ou afinidades sexuais.

Nunca foi tão grande o número de casais vivendo juntos sem passar pelo cartório civil ou pelos ritos de uma religião, o que caracteriza um novo *modus vivendi* na relação dos indivíduos.

As pesquisas da atualidade revelam que a grande maioria dos jovens vive as chamadas uniões informais, ou seja, não são formalmente casados. Mas esses mesmos jovens afirmam que ter filhos e uma união conjugal próspera é mais importante do que alcançar posição de destaque em sua profissão.

Na estabilidade do casal torna-se essencial a satisfação mútua das necessidades e projetos individuais como fator de sucesso na relação afetiva e no alívio das tensões domésticas.

Claro que não temos a pretensão de deixar em poucas linhas um manual para a felicidade do par afetivo; além do mais não cremos que existam normas ou regras absolutas para se obter uniões felizes. No entanto, é imprescindível que a dupla, para conquistar a alegria de viver, se una em alma – cada vez mais em alma –, na sucessão dos dias, na lida diária.

Segundo penso, aqui está o fator essencial diante dos muitos fatores para um relacionamento pacificado:

Respeito às diferenças – A sensação de encantamento que um jovem experimenta em relação a outro, embora seja influente e poderoso fator na aproximação, não tem caráter determinante, ou seja, não é o único elemento que concorre para uma escolha afetiva.

Conhecendo-se, muitos jovens que se admiravam fisicamente se decepcionam após convívio mais frequente, o que demonstra o quanto é importante a união mental e intelectual entre pessoas.

Diante de tantas diferenças, como seria possível estabelecer uma relação feliz? Ter uma união mental e intelectual não quer dizer que devemos pensar exatamente igual ao outro, mas implica aceitar que cada ser humano é um satélite por si, gravitando em diferentes órbitas evolutivas.

As diferenças nos aproximam e nos fazem crescer; em contato com elas teremos maiores chances de ver aspectos sutis de nossos semelhantes, e de nós mesmos. Sem dúvida isso é enriquecedor.

O equilíbrio do relacionamento

conjugal se estabelece quando um dos pratos da balança contém "a individualidade" e o outro, "a tolerância às dessemelhanças"; isso dará manutenção à unidade conjugal. A heterogeneidade soma, não divide.

A oculta expectativa que nutre os jovens para conseguir melhorar seu parceiro, fazendo com que ele abrace seus pontos de vista, admita os erros ou reconsidere equivocadas opiniões, comumente não se realiza. No futuro, ambos passarão a viver uma grande amargura moral.

No lar, se criarmos um ambiente afetivo onde haja lugar para o respeito às diferenças naturais entre os parceiros, isto é, seus costumes, hábitos, valores culturais e suas convicções profundas adquiridas antes e depois do nascimento – sem constituir um tribunal crítico de certo e errado em cima dessas mesmas diferenças –, teremos então uma visão alternativa, através da qual se pode divisar sempre uma de duas ou mais possibilidades, sem optar por aquilo que estamos habituados a ter como verdadeiro. Por sinal, se admitirmos que diferenças existam, mas que isso não deva ser passível de julgamento, já é um grande passo para a realização na vida íntima.

O céu não está longe de nós, mas, sim, bem perto. Discórdias ou dores lancinantes vivenciadas nos relacionamentos são consequências de nossas atitudes tímidas. Não basta somente reclamar, protestar e culpar, argumentando que o outro precisa mudar. As relações conjugais são em grande parte feitas de esperanças e sonhos, mas é preciso uni-las a ações firmes e concretas.

PALAVRAS DO MESTRE DE LYON

A origem das qualidades morais encontra-se nas impressões que a criança recebe desde o seu nascimento, talvez mesmo antes, e que podem atuar com mais ou menos energia sobre seu espírito, no bem ou no mal. (...)

Hippolyte Léon Denizard Rivail

PARA REFLEXÃO

QUESTÃO 208

O Espírito dos pais não exerce influência sobre o do filho, depois do nascimento?

Há uma influência muito grande; como dissemos, os Espíritos devem concorrer para o progresso uns dos outros. Muito bem! Os Espíritos dos pais têm por missão desenvolver os dos seus filhos pela educação; é para ele uma tarefa: *se nisso falha é culpável.*

APRENDIZAGEM E IMITAÇÃO

A tendência para a imitação, fundamental no processo de aprendizado, é instintiva no homem. Desde a infância, esse instinto age no período de adaptação pelo qual a criatura se ajusta às novas situações. Para se desenvolver e integrar-se totalmente ao meio ambiente, é necessário que os seres humanos aprendam e, consequentemente, imitem.

As crianças encenam ou interpretam uma personagem criando verdadeiras histórias entre elas. É muito comum vermos a garotada usando o vestido da mãe, pintando-se como ela, colocando o terno do pai e adotando a sua maneira de andar. Tentam falar como os adultos, vestem-se como eles, fazem os mesmos gestos e copiam o mesmo comportamento diante dos outros.

Até mais ou menos os cincos anos de idade, esse processo de imitação é muito forte e constante. Não só na imitação física e na maneira de agir, como também na imitação em nível psicológico e intelectual.

Por esse motivo, muitas crianças acabam apresentando os mesmos problemas dos mais velhos. Primeiro, porque ninguém lhes diz que as suas atitudes são inapropriadas e segundo, porque ao verem os pais ter determinados comportamentos, acham que não há problema nenhum em repeti-los. Elas não têm discernimento suficiente para distinguir as boas condutas das más.

Através desses simulacros, os jovens seres humanos começam a desenvolver sua própria personalidade. Inicialmente têm necessidade de imitar os pais, as pessoas e figuras mais próximas. Mais tarde, com o ingresso na escola e na convivência com os outros colegas da mesma idade, as coisas tomam um aspecto mais intenso do ponto de vista mental e/ou emocional, passando a assimilar maneiras de fazer e de agir, ou atributos de outrem de modo total ou parcial. Aqui é que se inicia propriamente o processo da identificação.

O fenômeno da identificação é permanente, uma vez que os valores se incorporam à personalidade; já a imitação é

uma espécie de cópia superficial e temporária da conduta modelo.

"Imitação" – do latim *"imitatio"* – designa a ação de imitar, copiar, reproduzir. A imitação é uma atividade mental em que o indivíduo age sob a influência de outrem, porém modela-se proporcionalmente ao outro, com maior ou menor alcance conforme seu nível de consciência.

Há imitação inconsciente – uma predisposição inata, em que o ser copia os outros, ou seja, através de um repertório de imagens e símbolos do inconsciente, o homem possui uma tendência a repetir a maneira de ser, sentir, agir e pensar, por meio de uma forma mecânica e irrefletida; e a imitação consciente ou aprendida – aquela em que o indivíduo reproduz o que simplesmente vê e guarda apenas ao nível da consciência periférica.

Antes de qualquer coisa, é preciso deixar bem claro que não é possível falar em inato e aprendido "puro", pois o ambiente atua sobre o conteúdo ou disposição interna desde a fase intrauterina, e a aprendizagem é facilitada ou não utilizando os dados da intimidade do ser.

As criaturas influenciam e são influenciadas pelo meio onde vivem. Embora tenham capacidades e habilidades, não são tão originais quanto imaginam ou dizem ser. No mundo social há trocas e, por essa razão, todos são, de certo modo, subprodutos desse meio. O ser humano, entretanto, não se resume a isso, porque, não sendo tão passivo, igualmente intervém e transforma o espaço físico que o envolve.

Por outro lado, a bagagem de vidas passadas (acumulada no corpo espiritual) age intensamente no "inato" e no "aprendido", formando um único conjunto e trazendo informações acerca de como lidar com essa situação.

Esses três componentes (inato, aprendido/no presente e aprendido/ no passado) têm origens muito distintas e, por isso, deveriam sempre ser considerados e investigados separadamente.

O Espiritismo, em seu tríplice aspecto, tem em suas abordagens caminhos novos para o pensamento humano cheio de profundas reflexões, permitindo que nossos sentidos grosseiros se abram para um oceano de maravilhas, pois ainda vivemos como cegos banhados de luz sem mesmo desconfiarmos delas.

Em resumo, as afirmações acima admitem que a personalidade humana é edificada pela soma das heranças genéticas, legados das reencarnações, influências dos meios – sociais, familiares, educacionais e outros tantos – e a determinação e o empenho de cada ser.

Entenda-se com isso que a imitação e a aprendizagem infanto-juvenil não são especificamente um fator determinante na construção da personalidade, mas, pela sua importância, pode representar muito nessa edificação. Portanto, o lar, a religião e a escola, como mediadores da educação, têm juntos grande papel na gênese salutar de cada indivíduo em evolução.

A Doutrina Espírita pode fornecer subsídios valiosos para a constante construção e, ao mesmo tempo, aperfeiçoamento da personalidade humana.

PALAVRAS DO MESTRE DE LYON

Vê-se, então, que depende dos pais cercar a criança, desde o seu nascimento, de impressões salutares para o seu espírito e o seu coração e evitar todas aquelas que podem ser nocivas, como se evita deixá-la em uma atmosfera ruim. Eis o segredo da verdadeira educação moral. (...)

Hippolyte Léon Denizard Rivail

PARA REFLEXÃO

QUESTÃO 921

Concebe-se que o homem será feliz sobre a Terra quando a Humanidade estiver transformada; mas, à espera disso, cada um pode se garantir uma felicidade relativa?

– O mais frequentemente, o homem é o artífice de sua própria infelicidade. Praticando a lei de Deus, ele se poupa de muitos males e se proporciona uma felicidade tão grande quanto o comporta sua existência grosseira.

19
SUICÍDIO NA ADOLESCÊNCIA

O suicídio é um suposto meio de fugir dos sentimentos de impotência ou de incapacidade de solucionar conflitos e situações problemáticas. Um tipo de comportamento em que se busca encontrar uma "chave de ouro" para as dificuldades existenciais; e ele surge então como a única via possível.

Significa um pedido de ajuda, um grito de aflição e de desespero.

Ele é a expressão de um desejo de mudança, uma vontade de acabar com a situação infeliz cuja única saída está aparentemente bloqueada. A propósito, a intencionalidade, na maioria das vezes, é mudar – e não pôr fim à vida.

O autocídio na adolescência é um acontecimento nefasto e que cresce de modo progressivo; ocupa um expressivo lugar na escala de causas da mortalidade juvenil, segundo as estatísticas atuais.

A taxa de suicídio na mocidade é subestimada, pois só se leva em conta os números oficializados pelas autoridades competentes (suicídios públicos e evidentes), deixando de lado as chamadas "mortes acidentais": acidentes automobilísticos, corridas de carros não autorizadas ("rachas"), os popularmente chamados "cavalos de pau", "roletas-russas" e outros tantos.

Esses "acidentes fatais" representam, inúmeras vezes, suicídios indiretos, em que o indivíduo, incapaz de concretizar atos destrutivos conscientemente, os faz em níveis mais profundos da inconsciência. Podemos dizer que há um "desejo de morte" sem que exista uma intenção clara de morrer.

Atividades perigosas e impulsos insanos, não obstante claros e evidentes fora de nós, começam em nós e se nutrem de nós mesmos.

A adolescência é uma das fases mais favoráveis à atitude suicida. É importante salientar que é um espaço de tempo onde ocorrem mudanças consideravelmente profundas. Na juventude, a garantia e segurança da infância foram deixadas de lado para que se possa entrar no mundo novo do adulto.

O adolescente quer ser livre, embora dependa, em muitas situações, dos parentes, sobretudo dos pais. Sua aparência física se transforma e ele perde o referencial, sente-se desajeitado, atrapalhado, sem graça e incapacitado de atrair. Uma modificação do "eu consciencial" advém dessas mudanças corporais e emocionais.

No aspecto sexual, ele tem que discernir sua identidade sexual para poder estabelecer relação com o outro, o que o faz gastar muita energia. Seu campo emocional é intenso, tudo está em constante avaliação: os relacionamentos, a estrutura física, as muitas exigências sobre ele e consigo próprio. Todas essas alterações são complicadas e de difícil assimilação.

Obviamente, o livre-arbítrio nos dirige as resoluções em todas as áreas da vida, contudo é necessário observar que o abandono dos compromissos assumidos ante a Vida Maior é sempre lamentável, porque, se na esfera de ação que vivemos atualmente, surgem problemas a suplantar, esses mesmos obstáculos negligenciados poderão reaparecer com a mesma intensidade noutros ambientes do porvir.

O jovem com ideias suicidas se vê sinistro, perverso e incriminável. Ele ainda não se contenta com seu modo de ser e demonstra não ter confiança em seus atos e julgamentos.

Qual a causa do suicídio na adolescência? Dar uma resposta simples e sintética para essa questão complexa nos parece impróprio.

Somos de parecer que a causa do suicídio juvenil não pode ser encontrada de modo apressado e irrefletido, e sim em seu histórico pregresso, nos problemas vivenciados nas existências passadas, nos conflitos recentes da infância, nos processos obsessivos e auto-obsessivos e outras tantas tribulações existenciais. É bom lembrar que não existe processo obsessivo contra a vontade ou sem a permissão de alguém; atraímos ou repelimos ondas mentais que se juntam às nossas, edificando-nos para a saúde ou para a enfermidade.

É como se houvesse um escalonamento de dificuldades que há muito foram se justapondo até alcançar a fase da adolescência.

Então, uma última dificuldade pode ser a gota

d'água para desencadear a crise e a tentativa de suicídio. Todavia, é preciso dizer que nem sempre uma crise acaba conduzindo ao suicídio; ela pode levar a criatura a passar "do verde ao maduro", ou seja, da infantilização à madureza, onde encontrará capacidade de agir, refletir ou realizar qualquer coisa de maneira racional, equilibrada e sensata.

Seres existem tão conturbados além-túmulo, com dificuldades decorrentes do suicídio, que necessitam de internação quase que imediata no organismo físico, para tratamento da desarmonia interior que o motivou ao gesto desvairado.

"(...) A propagação das ideias materialistas é, pois, o veneno que inocula, em um grande número, o pensamento do suicídio, e aqueles que se fazem seus apóstolos assumem sobre si uma terrível responsabilidade. Com o Espiritismo, não sendo mais permitida a dúvida, o aspecto da vida muda; o crente sabe que a vida se prolonga indefinidamente além do túmulo, mas em outras condições; daí a paciência e a resignação que afastam, muito naturalmente, o pensamento do suicídio (...) [1]

---

[1] O Evangelho segundo o Espiritismo, cap. 5, item 16, Boa Nova Editora.

Na realidade, não podemos esquecer que existem muitas lendas e mitos a respeito do suicídio. Entre eles, afirma-se que o suicida ou é covarde ou é corajoso. Na realidade ele deseja apenas parar de sofrer. Não atenta contra sua vida por covardia ou coragem, mas porque sua existência se tornou insuportável e ele, alienado, não vislumbra de imediato outra solução.

Enfim, os "suicidas" carecem mais de mãos estendidas – cuidado, acolhimento e atenção – do que de mãos de ferro – crítica, censura e punição.

PALAVRAS DO MESTRE DE LYON

Tudo o que a criança vê, tudo o que ouve, causa-lhe impressões. Ora, do mesmo modo que a educação intelectual é constituída pela soma das ideias adquiridas, a educação moral é o resultado de todas as impressões recebidas. (...)

Hippolyte Léon Denizard Rivail

PARA
REFLEXÃO

QUESTÃO 387

A simpatia tem sempre por princípio um conhecimento anterior?

Não, dois Espíritos que se compreendem procuram-se naturalmente sem que tenham se conhecido como homens.

20

A IDENTIFICAÇÃO E A CONSTITUIÇÃO DO INDIVÍDUO

"Identificação" é um processo psicológico pelo qual o indivíduo toma para si um aspecto, uma característica, uma qualidade de outra pessoa e se transforma, total ou parcialmente, segundo o modelo dessa pessoa. A personalidade constitui-se e diferencia-se por uma série de "identificações".

Através desse processo os adolescentes assimilam, de modo imperceptível, opiniões, figuras mentais, estilos, modos comportamentais, filosofia de vida, costumes e ideais. A "identificação" continua na existência toda do indivíduo, desde o jardim de infância até o ensino superior, na sociedade e entre os amigos, mas se inicia em casa, haja vista a importância da família para o jovem, especialmente as figuras parentais. O provérbio popular diz que os filhos geralmente se tornam para os pais, segundo o modelo em que se espelharam, uma recompensa ou um castigo.

O adolescente necessita e procura constantemente uma figura ideal com a qual possa identificar-se, seja os educadores, os genitores, líderes religiosos ou políticos, seja astros do cinema e heróis nacionais, etc. Durante toda a vida, nos baseamos em outras pessoas, fatos ou coisas, seguindo exemplos, buscando referências que vão ao encontro de nossos objetivos. Nas crianças e nos jovens isso acontece de maneira mais explícita.

Existem ainda "identificações" de vidas passadas, assimilações enraizadas em tempos imemoriais, que atravessam múltiplas existências, surgindo na atualidade como afinidades, atrações e simpatias, isto é, semelhança de gostos, interesses, sentimentos que atendem aos vínculos do afeto. Nesses casos os laços entre dois seres é espontâneo, recíproco.

Há certa predisposição no jovem para receber uma ideia e ser por ela influenciado. Sua alta sugestionabilidade, sua tendência a ser persuadido fazem dele uma "matéria plástica" excelente para a "identificação".

Essa propensão ou facilidade de incorporar como parte integrada determinados aspectos ou atributos de outrem pode trazer danos ou riscos para o adolescente, quando a "identificação" incide sobre algo ou alguém que não pode ou não deve servir de bom exemplo para ele. Atualmente, a grande deficiência do processo educacional é ignorar a distinção entre conhecimento e sabedoria. Superestima-se a mente intelectiva e subestima-se o caráter, a firmeza moral, coerência nos atos e o bom senso. As consequências são estas que se vê.

A nosso ver, podemos considerar dois tipos de "identificação": a adequada e a inadequada.

Na adequada, o jovem estabelece um ideal psicológico que o orientará, muitas vezes pelo resto da vida. Essa busca poderá ser focada nos pais, tios, avós, em que há uma incorporação de qualidades reais ou ilusórias, como também em vultos célebres da história, filosofia, religião, ciência (uma figura justiceira, um grande esportista, etc). É característica ainda desta fase a dependência dos filhos em relação aos pais e vice-versa; mas, paulatinamente, os jovens buscam substituir vários aspectos da sua identidade familiar por outra mais individual.

Graças à "identificação" com o ser idealizado, o ser juvenil adapta-se e adere ao espírito de solidariedade e cooperação; enfim, aceita o processo de socialização, administrando seus impulsos, reconhecendo seus direitos e deveres no seio da comunidade em que vive.

Na inadequada, a família, antes supervalorizada e venerada, passa a ser alvo de dúvidas, críticas e descréditos. Dessa forma, o adolescente começa a buscar figuras de "identificação" fora do âmbito doméstico. Muitas vezes, o objeto de busca é socioculturalmente nocivo e contraproducente. A figura de interesse é insuficiente e frágil, mas desperta o fascínio e atração de indivíduos ainda emocionalmente inexperientes que se identificam com aqueles que são por eles objeto de admiração.

A propaganda mercantil e eleitoral procura quase sempre tirar proveito ou vantagem do processo de identificação juvenil para insuflar suas ideias, chamando a atenção do jovem para seus objetos de escolha passíveis de ser vendidos.

Assim, milhares de rapazes e moças compram tal produto ou adotam tal linguajar ou jargão, adquirem a roupa da moda e o perfume importado, ou adotam o xampu ou sabonete que juram ser o melhor.

O cinema e a televisão, jornais e revistas sensacionalistas, onde impera a lascívia, com linguagem chula e reportagens sanguinárias, em princípio deveriam ser proibidos. No entanto, somos de parecer que tudo que é interditado aumenta ainda mais a atração, pelo encanto da proibição.

A solução encontra-se, como sempre, no círculo doméstico.

Procede daí a importância dos conhecimentos referentes à reencarnação, com total aprendizado da lei do amor nos recessos do lar, para que o ambiente familiar não se transforme de abençoado educandário em recinto de desgostos e discussões homéricas.

Cuidem melhor os pais dos filhos adolescentes. Por isso o zelo que se deve ter para proporcionar à mocidade uma boa educação e, por consequência, uma "identificação" adequada. Porém, não confundamos conhecimento com educação. Um nos permite adquirir proventos para viver; o outro nos permite viver em plenitude.

"O principal objetivo da educação é criar pessoas capazes de fazer coisas novas e não simplesmente repetir o que as outras gerações fizeram", asseverava Jean Piaget, emérito educador e psicólogo suíço, considerado um dos maiores expoentes do estudo do desenvolvimento cognitivo. Estudou inicialmente biologia e posteriormente se dedicou à área de psicologia, epistemologia e educação.

Os pais, parentes, amigos, professores, todos que entram em contato com os jovens seres humanos, devem estar conscientes de que poderão servir de propulsores do desenvolvimento, criatividade e progresso deles.

A identificação é o principal formador do superego juvenil, isto é, constitui a plenitude do indivíduo, a parte ética/moral da personalidade da criatura humana.

PALAVRAS
DO MESTRE DE
LYON

Contribuir essencialmente para o sucesso da
educação moral, fornecendo ao espírito elementos para ocupações úteis e agradáveis. (...)

Hippolyte Léon Denizard Rivail

PARA
REFLEXÃO

QUESTÃO 940

A falta de simpatia entre os seres destinados a viver juntos não é igualmente uma fonte de desgostos tanto mais amarga quanto envenena toda a existência?

Muito amarga, com efeito. Mas é uma dessas infelicidades das quais, frequentemente, sois a primeira causa. Primeiro, são vossas leis que são erradas, por que crês que Deus te constrange a ficar com aqueles que te descontentam? E, depois, nessas uniões, frequentemente, procurais mais a satisfação do vosso orgulho e da vossa ambição, do que a felicidade de uma afeição mútua; suportareis, então, a consequência dos vossos preconceitos.

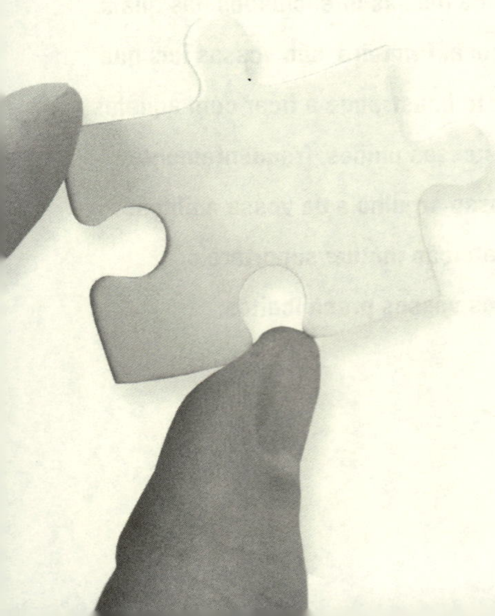

21

DIVÓRCIO E OS FILHOS

A realidade social do divórcio existe e não deve ser negada, é um fato consumado. Não estamos aqui tratando do mérito da questão divórcio, nem mesmo estimulando ou desencorajando as separações dos cônjuges, mas simplesmente examinando e estudando (depois da ruptura do casamento) suas possíveis implicações ou consequências com vistas a encontrar caminhos para mitigar frustrações e dores morais dos jovens filhos envolvidos nessa situação.

Assim, é nosso principal objetivo partilhar algumas reflexões junto à comunidade jovem, como forma de prevenção das dificuldades sociais e psicológicas que advêm da separação parental.

A estrutura dos vínculos entre pais e filhos modificou-se sensivelmente nestas últimas décadas em face das alterações na constituição familiar decorrentes dos divórcios ou segundos casamentos.

Há filhos que moram somente com a mãe, outros com o pai; há os que vivem com mãe e padrasto, pai e madrasta e com os meios-irmãos; muitas vezes convivem com pessoas sem nenhuma relação consanguínea; jovens que têm "pais de fim de semana", mães que trabalham a semana toda fora de casa. Existem ainda outras tantas "mudanças no circuito familiar" que fazem parte do dia a dia de muitos indivíduos no mundo moderno.

Até poucos anos, o rompimento do vínculo conjugal era somente entendido como ruína familiar ou derrota afetiva, cuja causa era normalmente atribuída à mulher e associada a desvio de caráter. Ter a mãe morando em outro lar e casando de novo, ver o pai vivendo com outra mulher, compartilhar do mesmo espaço com um meio-irmão eram fatos inimagináveis tempos atrás.

Nos dias atuais, as maiores dúvidas dos pais são como nortear os filhos para uma direção segura, já que eles estão expostos a essas novas estruturas familiares, orientando suas vidas por preceitos éticos e, igualmente, preparando-os para avaliar os comportamentos e enfrentamentos que irão atravessar fora e dentro do lar.

Pelo conjunto das características peculiares, as novas famílias são chamadas pelos especialistas da área de "famílias-mosaico" ou "famílias reconstituídas". Assim, esse recém-formado lar vai sendo entendido e conceitualizado, de modo gradativo, pois sua estrutura foge ao padrão convencional; é como um quebra-cabeça a ser montado passo a passo, já que é complicado tirar conclusões precipitadas em torno de algo inusitado e de um tema tão importante e complexo.

As alterações podem ser notadas até por meio das expressões verbais. Palavras utilizadas há bem pouco tempo ficaram inadequadas e com significado pejorativo, como "madrasta" e "padrasto" ou mesmo "filho de desquitado". Elas se tornaram hoje totalmente inconvenientes. Crianças e jovens preferem dizer "a mulher do meu pai", "o marido da minha mãe", o "filho do segundo casamento", com muita naturalidade.

Estudando o divórcio, percebemos que a separação expõe os jovens seres humanos a riscos emocionais ou perigos psicológicos. Deduzimos assim que os filhos podem vivenciar fatos incômodos e inesperados, como mudar de cidade, trocar de bairro, com repercussões no universo da escola e dos amigos, bem como viver sem a companhia diária de um dos pais ou passar pela vicissitude de ajustar-se a um novo núcleo familiar.

Depois da separação, pode-se iniciar uma batalha pela posse do filho a todo o custo. Quase sempre, essa "guerra" decorre da tentativa de cada cônjuge de manter o filho consigo, sem levar em conta as reais necessidades da criança ou do jovem.

Concluímos que tais ocorrências podem ser experienciadas pelos "filhos do divórcio" com sentimentos de culpa, por acreditarem ser eles a causa da separação, e de desconfiança diante de tantas armações e artimanhas dos genitores que, no desespero e nos desencontros, ficam completamente cegos e surdos à dor dos familiares.

Quando os filhos perdem seu "parâmetro", ou seja, o referencial dos pais, podem surgir angústias e depressões extremamente graves e implicações preocupantes. É importante para as crianças e adolescentes sentirem-se protegidos e seguros quando eles se referem ao "seu espaço", ao "seu quarto", "seu lar" ou "seu lugar habitual de descanso".

Ao passo que, quando eles ficam divididos entre dois lares, sendo conduzidos por diferentes modos de pensar e por princípios e regras antagônicas, isso pode desestruturar o campo da afetividade e provocar-lhes séria instabilidade emocional.

Em outros estudos sobre divórcio, notamos outra dor moral a ser considerada: é quando os filhos têm a ideia fixa ou a idealização de que os pais um dia voltarão a se conciliar, o que pode causar um choque traumático em virtude desse desejo enganoso quando um dos pais (ou os dois) volta a se casar ou se unir a outra pessoa.

Para os "filhos do divórcio" fica complicado lidar com sentimentos tão complexos e opostos: admirar e amar duas criaturas que se hostilizam e, logo em seguida, sentir raiva e aversão pelas mesmas, ter afeição pela mãe e, no mesmo instante, gostar da nova companheira do pai. Difícil também para eles compreender que os genitores podem amá-los, mesmo estando longe e vivendo outra experiência conjugal.

Muitas vezes o adolescente é colocado em presença dos pais para uma escolha crucial: "com qual dos dois devo ficar?" Aliás, acreditamos que não existem bons divórcios na visão da maioria dos filhos.

Através da observação de muitos casos, chegamos à conclusão de que, apesar de todos os inconvenientes da separação, a família formada apenas pela mãe/filho, ou pelo pai/filho traz maior harmonia e saúde para o desenvolvimento da criança, do que uma família comum em constantes discórdias e gritos, desestruturada pelas brigas e desequilíbrios do casal.

Igualmente notamos que os novos matrimônios ou uniões estáveis podem ser benéficos para contrabalançar os efeitos danosos da separação.

Nas "famílias-mosaico", ou "famílias reconstituídas", pode haver intensa solidariedade e parceria entre os filhos de lares diferentes por causa das semelhanças de dificuldades e de conflitos íntimos vividos por todos.

É difícil tirar conclusões definitivas ante os tipos de famílias contemporâneas, pois tudo tem pouco tempo de existência e apresenta aspectos diversificados.

Quase sempre a primeira impressão é a que tem servido de base para emitirmos nosso julgamento. Precisamos esperar o tempo certo para chegar a um bom resultado sobre situações incomuns; muitos de nós temos o péssimo hábito de tirar conclusões precipitadas, e quase sempre incorretas. O divórcio é um longo processo que envolve múltiplas facetas psicossociais. Para ajudar as crianças e jovens a superar a separação dos pais e se adaptar à nova família, lembremos que:

• Os filhos continuam a ser amados mesmo depois da separação conjugal. O pai e a mãe não se divorciaram deles;

• outros jovens de pais separados já experimentaram a mesma sensação de tristeza e infelicidade: por fim tudo sempre acaba, só não acabam as coisas dos céus;

• a desvinculação afetiva dos genitores não é culpa dos filhos; vão continuar recebendo amparo e cuidados, mesmo que os pais não estejam mais juntos;

• é natural que eles e os pais chorem, pois o que pensam e sentem tem muita importância na solução dos momentos estressantes vivenciados no lar;

• no novo ambiente familiar, as crianças e os adolescentes deverão sentir em cada momento o amor e o perdão incondicionais, para além de tudo o que ficou para trás.

Por final, somos de parecer que o que

determina se os filhos estão ajustados ou não diante da separação conjugal é a qualidade do relacionamento que mantêm e mantiveram com os pais.

A Doutrina Espírita possibilita aos "filhos do divórcio" a construção de uma consciência crítica sobre si mesmo e sobre as dificuldades existenciais pelas quais passam ou passaram na atual família terrena. O entendimento sobre Deus, a imortalidade da alma e as vidas sucessivas descortinam uma nova percepção da realidade, permitindo a eles ampla compreensão da lei de causa e efeito e, em virtude disso, maiores responsabilidades pelos seus atos e comportamentos no círculo doméstico.

PALAVRAS DO MESTRE DE LYON

Não tendo refletido nunca sobre o objetivo da educação nem sobre os meios de formar a juventude, não encontraram outros melhores do que lhe imprimir o terror; daí a invenção da palmatória, dos chicotes e de todos esses instrumentos de dor e de infâmia que são, para se dizer a verdade, atributos pouco próprios para causar consideração neste mundo. (...)

Hippolyte Léon Denizard Rivail

PARA REFLEXÃO

QUESTÃO 803

Todos os homens são iguais diante de Deus?

Sim, todos tendem ao mesmo fim e Deus fez suas leis para todos. Dizeis frequentemente: O sol brilha para todos. Com isso dizeis uma verdade maior e mais geral do que pensais. Todos os homens estão submetidos às mesmas leis da Natureza. Todos nascem com a mesma fraqueza, estão sujeitos às mesmas dores e o corpo do rico se destrói como o do pobre. Portanto, Deus não deu, a nenhum homem, superioridade natural, nem pelo nascimento, nem pela morte. Diante dele, todos são iguais.

RELAÇÕES HOMOAFETIVAS

O conceito de homossexualidade, do mesmo modo que o de mediunidade, passou por um extenso processo de transformação ou mudança; evoluíram no transcorrer da história. Na Antiguidade grega, o médium era considerado divino; na Idade Média, herético, bruxo, quando não queimado vivo; no século dezenove, julgado louco e desprezado, muitas vezes era preso por isso; atualmente é estudado, mais aceito e valorizado.

Não quero aqui fazer nenhuma comparação entre esses dois termos, porque a homossexualidade nada tem a ver com mediunidade. Somente proponho que todos nós repensemos sobre as mudanças que se têm verificado nas concepções e conceitos ao longo dos tempos.

O fenômeno em si não muda; o que pode ocorrer é o ser humano olhar e interpretar esse mesmo fenômeno sob perspectivas nunca antes observadas. A essência do fato continua a mesma. Nada modificou, apenas se ampliou o conhecimento e, se houve alteração da análise, é porque antes o olhar era impreciso, restrito, hipotético.

Se a mediunidade fosse uma patologia, não teria subsistido até nossos tempos, porque seria erradicada pela seleção natural.

Ontem, muitas ocorrências que eram vistas como doenças, aberrações ou coisas desnaturadas, hoje, analisadas sob o ângulo da vida imortal, passam a ser examinadas com maior atenção, análise, método e disciplina.

Há alguns anos, a Classificação Internacional de Doenças (CID), da Organização Mundial de Saúde (OMS) excluiu o homossexualismo do rol das enfermidades. Até então, julgava-se que o sufixo "ismo", como em alcoolismo, tabagismo, reumatismo, conferia à palavra um caráter predominante de doença. Esse sufixo foi primeiro usado em medicina, para designar moléstias ou intoxicações de agentes nocivos.

É bom lembrar que nem todas as palavras terminadas em "ismo" assinalam alguma moléstia ou transtorno. No curso do tempo, mais precisamente nos séculos dezenove e vinte, seu uso se disseminou para designar movimentos sociais(feminismo,tropicalismo), ideológicos (evolucionismo, existencialismo), políticos (parlamentarismo, socialismo), religiosos (espiritismo, budismo) ou para expor outras ideias.

Homossexual (grego *homos* = igual + latim *sexus* = sexo) define-se por atração física, emocional, estética e espiritual entre seres do mesmo sexo. Atualmente, a palavra "homossexualidade" é vista como uma característica ou atributo de um ser − humano ou não (hoje já se estuda no reino animal a prática de mamíferos e aves, em maior ou menor grau, de hábitos homossexuais)[1].

Em face de tantos equívocos e preconceitos de que se reveste o assunto, caberia a constatação: quão distante da verdade é a mentira! Quão distante do respeito é a discriminação! Sem dúvida alguma, esta é uma atitude não submetida à razão.

---

[1] Nota da Editora − Um dos trabalhos mais completos sobre a natureza homossexual é o livro de Bruce Bagemihl − Biological Exuberance: − animal homosexuality and natural diversity (Exuberância Biológica: − homossexualidade animal e diversidade natural), publicado em 1999 nos Estados Unidos, Editora St. Martin´s Press.

Os estudos mais recentes mostram que os transtornos psicológicos dos homossexuais não são decorrentes da própria orientação sexual em si, mas das opressões, maus-tratos, arbitrariedades e discriminação social de que são vítimas.

A ideia da eliminação ou banimento da homoafetividade das criaturas humanas foi também recusada pela Organização Mundial de Saúde. Seguindo essa diretriz no decorrer dos anos, um número crescente de médicos e psicoterapeutas vem tratando seus pacientes homossexuais com acolhimento e respeito, em pé de igualdade em relação ao tratamento dispensado aos seus pacientes heterossexuais. Buscam curá-los não visando extirpar sua orientação sexual, mas, sim, cuidando de seus complexos de culpa ou de inferioridade, confrontos e conflitos emocionais ou transtornos do sentimento.

O Espiritismo nos dá enormes subsídios para entendermos os diversos campos onde vige a sexualidade/afetividade humana, com análise correta e equilibrada, não simplesmente atribuindo a ela, de modo rápido e superficial, defeito ou desvio de caráter. A Doutrina Espírita nos esclarece que a tendência do indivíduo para a comunhão afetiva com outra pessoa do mesmo sexo não encontra explicação apenas nos estudos da genética, da psicologia ou do mundo animal, sendo perfeitamente plausível sua adequação aos princípios reencarnacionistas.

"O sol brilha para todos. Com isso dizeis uma verdade maior e mais geral do que pensais. Todos os homens estão submetidos às mesmas leis da Natureza".

A homossexualidade é uma realidade que não pode ser ignorada. Ela existe há milênios e é um fato incontestável na sociedade humana. Neste texto a nossa principal finalidade é compartilhar reflexões e avaliações junto aos jovens seres humanos a respeito de suas supostas origens e das dificuldades sociais existentes no convívio com as chamadas "minorias sexuais".

Não estamos aqui para condenar nem aprovar atitudes ou comportamentos de quem quer seja, nem mesmo entrar no "mérito da questão" homoafetividade, mas unicamente estudá-la, utilizando nossas possibilidades e ponderações a fim de abrandar aborrecimentos, constrangimentos e sofrimentos morais dos adolescentes envolvidos nessa condição.

Examinando as disposições homossexuais dos companheiros reencarnados no planeta, é necessário, acima de tudo, ensiná-los a viver com dignidade, tanto quanto é imprescindível fazer o mesmo com o maior número dos seres heterossexuais.

Em suma, todos os temas estudados nessa área da vida são relativos à própria intimidade do indivíduo, ou seja, são regidos pela consciência de cada um.

PALAVRAS DO MESTRE DE LYON

Ora, se não dais ao educador dos vossos filhos demonstrações de estima, é porque certamente não o julgais digno disso. Como, então, podeis confiar a um homem que aos vossos olhos não é apreciável a responsabilidade de inspirar nobres sentimentos aos vossos filhos? Fazeis diferença entre as funções de educador e as de um criado de quarto? (...)

Hippolyte Léon Denizard Rivail

PARA REFLEXÃO

QUESTÃO 132

Qual o objetivo da encarnação dos Espíritos?

Deus a impôs a eles com o objetivo de os fazer chegar à perfeição: para alguns é uma expiação, para outros é uma missão. Todavia, para alcançarem essa perfeição, devem suportar todas as vicissitudes da existência corporal; nisto é que está a expiação. A encarnação tem também outro objetivo, que é o de colocar o Espírito em condições de suportar sua parte na obra da criação; para realizá-la é que, em cada mundo, ele toma um aparelho em harmonia com a matéria essencial desse mundo, para executar aí, daquele ponto de vista, as ordens de Deus; de tal sorte que, concorrendo para a obra geral, ele próprio se adianta.

EXPECTATIVAS FAMILIARES

Os pais devem aprender a aceitar os filhos como estes são e não formar expectativas de sucesso ou modelos idealizados, tentando fazê-los perder a condição juvenil, julgando-os como semideuses, ou mesmo enquadrando-os como heróis ou gênios.

A palavra *expectativa* vem do latim e traduz-se por *esperança, desejo, confiança*. Na relação entre pais e filhos, podemos observar o significado das expectativas paternas em dois níveis: consciente e inconsciente.

No nível consciente se leva em consideração a fala manifesta, pela qual os adultos lançam explicitamente sobre os jovens filhos uma expectativa de sucesso. No nível inconsciente, a nosso ver o mais comum, se leva em conta o desejo implícito dos pais, por meio de uma fala subentendida, que pode levá-los a concretizar aspirações inconscientes e irrealizadas do genitor frustrado.

Os adultos não devem utilizar fantasias de grandeza, objetivando ver um dia suas ambições e exigências realizadas, querendo que seus filhos correspondam e ultrapassem todas as esperanças imaginadas pela família.

Para as crianças e adolescentes, é muito melhor a franqueza, aceitação, amizade, respeito dos pais, do que serem por eles rotulados de super-homens. Na verdade, todo filho busca no lar o afeto real, não aquele gesto "açucarado", repleto de elogios e manhas, que hoje é explicitamente deslumbrado, para amanhã ser apático e desinteressado.

Os jovens filhos sentem claramente, até de maneira automática, quando seus pais, embora melosos e cheios de beijinhos e abraços, não os consideram elementos ativos e participativos da vida doméstica.

No ambiente do lar, os maiores bens que se pode dar são o amor e o acolhimento, atitudes que mostram aos filhos que receberão incondicionalmente a ajuda e/ou apoio para sempre.

A aceitação dos filhos pelos pais, sem expectativas de êxito ou triunfo, é como a água que rega o botão nascente e sem a qual ele murcharia, pela incapacidade de desabrochar e desenvolver. A aceitação da parentela constrói a autoconfiança juvenil, dando à criança e ao jovem um sentimento de segurança e motivação, fatores indispensáveis para vencer as diferenças e contendas na vida social.

Porém, não devemos nos esquecer de que o ato de aceitar pode ser distorcido para justificar sinais de fraqueza, absurdo e insensatez. Por exemplo, "aceitar" um deslize como uma condição crônica ou inevitável é utilizar um meio hábil e sutil para não assumir responsabilidades, ou mesmo usar certos subterfúgios para escamotear a verdadeira razão de determinados comportamentos.

Todavia, nos perguntamos a nós mesmos: será que somente as expectativas e devaneios narcisistas pro-jetados pelos pais e demais parentes são o que geram transtornos emocionais aos filhos?

Qualquer indivíduo reflexivo poderá ter essa dúvida crucial a respeito dessa temática: qual seria a real influência da família sobre o estado psicológico dos seus elementos?

Como se não bastasse à enorme variedade de parentes que podem ser responsabilizados pelas desordens emocionais dos jovens seres humanos, muitos outros acreditam que os desajustes partem exclusivamente da própria vida cotidiana do ninho doméstico; alguns reclamam: "em meu próprio lar sinto a ausência de meus pais..."; outros tantos, da falta de convivência em família; alguns mais dizem: "fui deixado de lado e criado por meus avós...".

Interessante... será que está somente no processo de viver (ou não viver) em família o mal que aflige seus componentes? Pois tanto compartilhar do mesmo espaço familiar ou viver longe dele, parece-nos que afetam as pessoas de qualquer modo!

O lar se norteia por escola de aperfeiçoamento e de evolução, em passos para a aquisição dos mais vastos valores da alma; portanto, a instituição familiar por si só, com objetivos sociais/espirituais, não causa nenhum mal, como pensam algumas pessoas, mas, sim, o que percebemos, sentimos e absorvemos no imo familiar. Obviamente que há certa tendência em generalizar o desequilíbrio dos filhos, atribuindo-se o fato apenas à dinâmica doméstica, seja ela na vida atual, seja nas outras vidas pretéritas.

Por outro lado, observando-se o dia a dia dos

lares, constata-se que famílias supostamente bem estruturadas podem acolher indivíduos com sérios problemas comportamentais, enquanto indivíduos sem nenhuma estrutura familiar podem, visivelmente, desenvolver-se atingindo inúmeras qualidades positivas como ser humano.

Nessa linha de raciocínio, concluímos que a falta de amadurecimento e o mau desenvolvimento emocional dos jovens seres humanos não é responsabilidade exclusiva da dinâmica familiar ou de atitudes dos pais, mas devemos ponderar igualmente as "fragilidades íntimas e inconsistências de valores" próprias do espírito dos filhos.

Ora, todos já constatamos que, numa mesma família, entre os irmãos que dividem o mesmo espaço domiciliar, pode haver desenvolvimentos emocionais completamente diferentes entre eles. Isso sugere que fatores individuais possam ser tão (ou mais) determinantes na boa constituição do indivíduo que o ambiente familiar. Não é regra geral, mas, em muitas circunstâncias, a problemática está muito mais na pessoa do que só no processo interno do lar.

Esse enfoque que aqui damos é importante, na medida em que muitos pais se afligem remoendo conflitos diante de suas possíveis falhas educacionais e das consequências destas no desenvolvimento dos filhos.

Quando iluminamos todas essas considerações segundo os princípios das vidas sucessivas, vemos que as bases dos fenômenos sóciodomésticos não são unicamente sedimentadas na relação de pais para filhos, mas também dos filhos para com os pais.

Como afirma o filósofo e poeta Gibran Khalil Gibran: "Vossos filhos não são vossos filhos... Vêm através de vós, mas não de vós. E embora vivam convosco, não vos pertencem". De igual modo podemos dizer: se os filhos não pertencem aos pais, também os pais não pertencem aos filhos.

Existem genitores que tentam compensar suas frustrações tendo "expectativas de grande sucesso" de modo explícito ou implícito, do tipo: quero um filho que tenha o êxito que eu não tive, ou para que viva segundo normas e regras que eu determino, mas que eu nunca consegui cumpri-las.

Da mesma forma, existem filhos que buscam escravizar os pais, infligindo-

lhes a carga de seus desejos de notoriedade e expectativas de competência, como se os genitores lhes fossem meros objetos de realização pessoal ou propriedade exclusiva.

Para educar, na visão espírita e no interesse da família à luz da reencarnação, é necessário matar essas esperanças sombrias e perspectivas inglórias, que tornam adultos, jovens e crianças escravos de idealismos narcisistas.

PALAVRAS DO MESTRE DE LYON

Chego à conclusão de que não se nasce nem virtuoso, nem vicioso, mas sim mais ou menos disposto a receber e a manter as impressões próprias ao desenvolvimento dos vícios ou das virtudes; assim como não se nasce com tal ciência ou tal arte, mas com uma organização apta a receber facilmente as impressões que podem desenvolvê-las em nós. (...)

Hippolyte Léon Denizard Rivail

PARA REFLEXÃO

QUESTÃO 833

Há no homem alguma coisa que escapa a todo constrangimento e pela qual ele desfruta de uma liberdade absoluta?

É no pensamento que o homem goza de uma liberdade sem limites, porque não conhece entraves. Pode-se deter-lhe o voo, mas não o aniquilar.

24

UM VOO DE INDEPENDÊNCIA RUMO À MATURIDADE

A melhor recompensa que os pais podem almejar pela educação que deram aos filhos adolescentes é precisamente vê-los capazes de desempenhar na sociedade a função que lhes cabe por direito, demonstrando independência e maturidade pessoal.

O desafio dos pais é permitir que o jovem filho viva sua vida, confiando nos valores e orientações que lhe foram passados, acompanhando seus passos e sabendo que essa é a fase que eles se lançam para o mundo, embora isso não signifique rompimento dos laços de família.

Ser pai e mãe é caminhar lado a lado desse adolescente, sem apego e sem dar uma proteção acima do normal, porém com as mãos estendidas para que, se ele sinalizar que precisa de ajuda, possa saber que braços abertos estão ali à sua disposição.

Segundo Jean Piaget – renomado psicólogo e filósofo suíço, que passou grande parte de sua carreira profissional estudando o processo de raciocínio das crianças –, "os fenômenos humanos são biológicos em suas raízes, mentais em seus meios e sociais em seus fins".

Com essa citação, ele certifica que a experiência humana é um conjunto de aspectos biológicos, psicológicos e sociais, o qual não pode ser tripartido; é um todo integrado, e não um conjunto de partes isoladas.

Piaget diz que primeiramente vemos e observamos o mundo; logo após, através das percepções e sensações registradas, serão produzidos os sentimentos e emoções, e, em seguida, os estímulos internos provocarão reações específicas, produzindo os pensamentos, os quais irão motivar a nossa conduta no dia a dia. Em síntese: percepção – sentimento – pensamento – atitude.

A partir do ponto de vista biológico-psicológico-social, percebemos que a principal dificuldade em nossa civilização é a influência e predominância do padrão mental linear, também conhecido por lógica aristotélica.

O pensamento mecanicista determina que todos os fatos da vida são frutos de uma só sequência de causas e efeitos que vão se completando sem qualquer tipo de interferência externa e nenhuma intervenção de outras fenomenalidades. Ele é herança dos filósofos da revolução científica, como Descartes, Bacon e Newton.

Essa lógica nos leva a uma noção de casualidade simples, afastando a ideia de possíveis complementaridades e diversidades dos fenômenos da natureza. Os acontecimentos provenientes da lei natural não são lineares, eles são muito mais abrangentes e complexos do que se pensa.

Tal concepção tem um caráter do que é imediato e uma tendência para a simplificação, o que nos dificulta a exatidão e o entendimento claro do que ocorre com os episódios do mundo.

O modelo mental cartesiano é eficiente para resolver os problemas mecânicos (abordáveis pelas ciências exatas e pela tecnologia). Mas é precário para entender os conflitos humanos em que compartilham emoções e sentimentos (a dimensão psicossocial), bem como os de dimensão espiritual.

O pensamento sistêmico ou complexo não

se vê como dono da verdade; ele não adesiva o mundo em verdades e mentiras, mas apreende que todo conhecimento é parcial, e a realidade em sua totalidade é inatingível. Aliás, não existem fenômenos produzidos por uma causa única, mesmo porque essa mesma causa teve por origem outros tantos fatores multidimensionais.

A palavra "complexo" vem do latim *complexus*, que quer dizer: aquilo que circunda, abrange, compreende, aquilo que é tecido em conjunto.

Um "modo de pensar" complexo é amplo e dá conta de explicar de modo mais consistente as múltiplas forças e fenômenos presentes nos eventos da vida humana. Se aceito esse "modo de pensar", há possibilidade de surgir sempre novas características (ideias novas), porém sem cair em fascinação ingênua, salvacionismo, totalitarismo, fanatismo, tribalismo, fundamentalismo ou utopismo.

Para o jovem alçar "voo de independência rumo à maturidade" implica exercitar: a ampliação da consciência; maiores entendimentos dos episódios da existência; novas estratégias de pensamento. Em síntese, trocar o pensamento linear pelo pensamento complexo.

"Ser livre" não é tão fácil como se acredita; não é fazer o que se quer, onde quer e com quem quer.

A liberdade acarreta uma complexa rede de conquistas que redundam na mudança de "pensamento unilateral", sustentado pela lógica binária e por um "modo de pensar" sistêmico e diversificado baseado em padrões que nos permitam refletir no conjunto (sistema), sem perder de vista todos os seus componentes.

Não somos uma só coisa; o ser humano é multidimensional. Somos criaturas mais que físicas – somos psíquicas, transcendentais, ecológicas, culturais, míticas, afetivas, biológicas, etc.

Aos poucos, os jovens procuram emancipar-se da tutela social da família, da obediência obrigatória e impensada; tendem a externar opiniões próprias; desligam-se de determinadas normas que lhes foram impostas e questionam onde se situa a fronteira entre o bem e o mal. Nessa fase eles necessitam de respostas seguras e razoáveis.

Isso não quer dizer que se deva estar de acordo com todos os caminhos apontados pelos filhos, sendo

imprescindível, porém, que os pais manifestem claramente o que pensam e o que sentem em relação a cada estrada por eles escolhida.

O adolescente precisa compreender que ter independência não é demonstrar ausência de princípios ou regras, desrespeito às leis naturais ou atitudes em que reina a anarquia. É, antes de tudo, ter uma visão global que compreenda uma teoria que procure olhar para o "todo" e para as "partes", buscando relações entre elas, ou seja, ver nos contextos apresentados a ligação entre a unidade e a multiplicidade.

Por final, para que os adolescentes possam iniciar sua independência, é preciso ensiná-los a pensar por si mesmos; e é dificílimo aprender a pensar num regime de submissão cega à autoridade dos pais ou professores. É provável que eles questionem os valores aprendidos na infância, para que possam começar a exercitar diferentes formas de pensar e de se colocar no mundo, construindo assim sua própria história de liberdade.

PALAVRAS DO MESTRE DE LYON

Estaríamos em condições bem melhores de julgar a vocação de um jovem, observando para qual especialidade suas faculdades intelectuais parecem dirigi-lo, o que não se pode fazer com um objetivo único de estudos. (...)

Hippolyte Léon Denizard Rivail

PARA REFLEXÃO

QUESTÃO 928

Pela especialidade das aptidões naturais, Deus indica evidentemente nossa vocação neste mundo. Muitos dos males não decorrem de que não seguimos essa vocação?

É verdade, e, frequentemente, são os pais que, por orgulho ou avareza, fazem seus filhos saírem do caminho traçado pela Natureza e, por esse deslocamento, comprometem sua felicidade; eles disso serão responsáveis.

25

ADOLESCÊNCIA E PROFISSÃO

Para o adolescente, a proposta social de "ser alguém na vida" começa desde cedo e, com o tempo, se torna uma situação angustiante. O que mais o aflige não é "o que você vai ser quando crescer?", mas, sim, como aliar suas aptidões vocacionais às exigências do "mercado de trabalho".

Outrora, era a família quem decidia qual profissão o jovem deveria seguir, dentro de um leque relativamente restrito de profissões consideradas "tradicionais".

Infelizmente hoje, ele se preocupa muito mais em escolher uma profissão que "poderá trazer-lhe sucesso financeiro", e não mais se contenta unicamente com uma carreira que seja "legada" ou "herdada" a partir dos valores e tradições familiares.

Essa escolha, porém, é motivo de muitos conflitos para os jovens seres humanos, pois eles sofrem com a pressão familiar, dos amigos, da mídia e com suas próprias inseguranças.

O jovem, que já atravessa intensos processos fisiológicos e emocionais tão comuns neste momento de transição para a vida adulta, acha-se, em muitas circunstâncias, incapacitado e confuso diante de tamanha exigência: começar, o quanto antes, a pensar na escolha profissional.

Essa tensão em relação à sua carreira profissional tende a acontecer logo no início do ensino médio, quando ele apenas começou a sair da pré-adolescência. É um tanto quanto precipitado e incoerente pensar que a criatura nessa idade está totalmente apta a escolher caminhos que percorrerá a vida inteira.

Adultos, ao invés de motivá-los ou impulsioná-los, os paralisam ou os amedrontam dizendo: "Você não vai ser ninguém na vida!" "Quem não estuda morre de fome!" "Procure se formar porque seus pais não vão durar para sempre!".

Com a modernização e expansão do mercado de trabalho, aumenta a cada dia a diversidade de profissões e áreas de atuação; por consequência, aumenta igualmente os dilemas dos adolescentes sobre como e o que escolher. Muitos jovens, nesse momento, diante de tantas informações e opções, passam a carregar um ônus pesadíssimo e acabam optando por uma profissão baseados muito mais nas referências externas do que nos próprios anseios da alma.

Notamos que a juventude vem sendo insuflada por uma avalanche de modelos de identidade rápidos e descartáveis, que não foram construídos de forma clara e segura. Isso acontece também no mundo do trabalho, onde muitas vezes ela acaba sendo "seduzida" por profissões em voga, de entusiasmo momentâneo ou ainda por aquelas mais divulgadas pela mídia.

A época em que vivemos é pautada pela relativização dos valores. Para um grande número de jovens, o que determina o valor de algo não é a qualidade explícita que as coisas têm, mas, o que eles acham que tem valor. Adotam a teoria fundamentada no subjetivismo do "eu acho que" e afirmam "acredito que isso é bom para mim, então eu faço."

Os pais ou professores, abrindo-se ao diálogo, ouvindo e sendo ouvidos poderiam facilitar o ofício a ser escolhido, dando assim oportunidade ao adolescente de conhecer suas habilidades e suas motivações.

É nesse momento que um serviço de orientação vocacional auxiliaria profundamente, pois promoveria a descoberta das preferências e ofereceria autoconhecimento. A orientação vocacional deveria fazer parte do currículo escolar.

É importante ressaltar que é melhor escolher com calma e paciência uma área profissional do que pelo impulso de ingressar num curso superior que não satisfaz às reais necessidades internas. Ficam aqui as seguintes dicas:

- Avalie cuidadosamente sua escolha para não se deixar envolver com a sedução de profissões da moda.

- Não tenha pressa ao decidir sobre sua carreira profissional; obtenha informações sobre ela no mercado de trabalho, sobre campo de atuação e salário. É melhor ser prudente do que passar longo tempo trabalhando no que não lhe agrada.

- A propósito, quando se fala de remuneração, analise: satisfação pessoal e altos salários nem sempre caminham juntos.

- Conheça as áreas pelas quais tenha maior atração e afinidade e acompanhe essas atividades de trabalho de perto. Lembre-se sempre: ninguém é feliz fazendo o que não gosta.

- Leia e pesquise sobre todas as probabilidades que uma profissão oferece; avalie inclusive a programação total das disciplinas do curso. Examine se o seu modo de viver combina com os requisitos exigidos pela carreira escolhida.

- Reflita e decida com prudência. O trabalho tem que ser uma fonte de alimentação e prazer e não somente uma atividade em que busca gratificação financeira.

O que a Doutrina Espírita teria para nos oferecer como subsídio para aliarmos a satisfação pessoal à realização profissional?

A melhor maneira de contribuirmos para a orientação profissional dos filhos, segundo o Espiritismo, seria auxiliar os jovens a desvendar suas aptidões e, por conseguinte, seguir sua vocação, sem se deixar levar por preconceitos ou outras imposições.

Dizem os benfeitores espirituais que "Deus indica evidentemente nossa vocação neste mundo. Muitos dos males não decorrem de que não seguimos essa vocação?", e ainda complementam: "frequentemente, são os pais que, por orgulho ou avareza, fazem seus filhos saírem do caminho traçado pela Natureza e, por esse deslocamento, comprometem sua felicidade; eles disso serão responsáveis". [1]

A grandeza de um bom profissional está, antes de tudo, na capacidade de ser aprendiz. Todos aqueles que têm uma carreira ou ofício possuem um enorme bem, mas aqueles que se dedicam à sua vocação têm em mãos o sentido da própria vida. Aliás, a vocação unida à profissão significa ser convocado e saber para onde vai.

---

[1] Questão 928, O Livro dos Espíritos, Boa Nova Editora.